現代社会に疲れた心を
ライギョが癒してくれる

郷愁を誘うフィールドで渾身のファイトを味わう

ヒシで覆われた水面にフロッグを滑らせる。水中のようすは一切分からない。流れ込みの前を通過させると、近くでヒシがうねった。とっさに危険を察知したカエルが動きを止めるかのようにポーズ。フロッグ後方のヒシが微かに揺れている。間違いなくライギョが着いている。アドレナリンに反応して心拍数が上がる。

はたして、しびれを切らしたカエルが動くかのようにラインを指でつまんでクイとフロッグを引っ張ると、強烈な捕食音とともにヒシが飛び散った。ロッドは豪快に曲がり、ヌシと真っ向勝負する釣りキチ三平を彷彿とさせるドラマチックなファイトに酔いしれた。

主に田園地帯を流れる河川や湖沼に生息するライギョ（カムルチー）は、

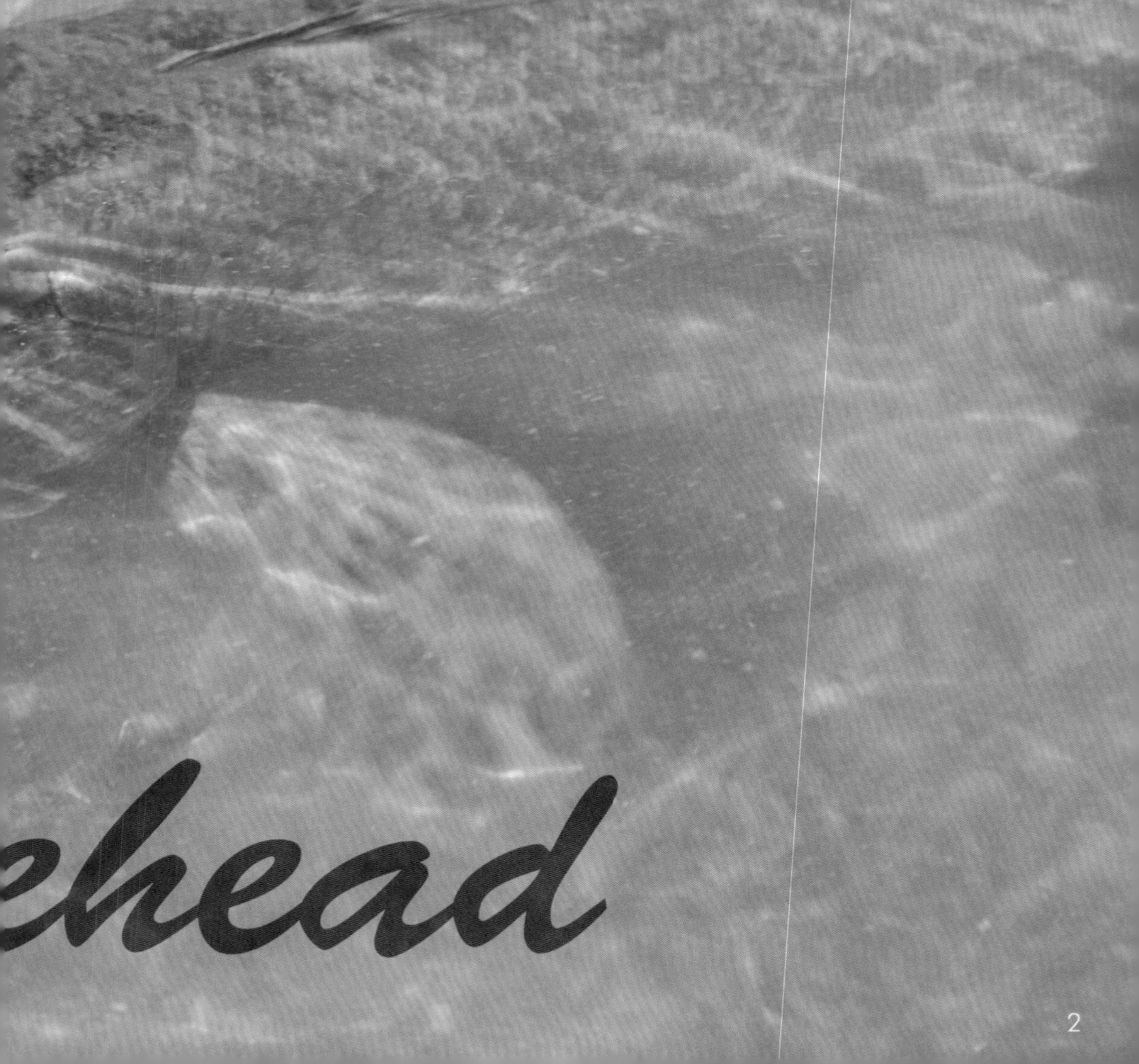

国内において最大級の大きさに成長する淡水域のフィッシュイーターだ。バスフィッシングが流行する以前は、身近な存在としてルアーフィッシングの主役だった。趣ある里山の静寂を破る豪快なファイトは、今も多くのアングラーを魅了してやまない。

　このライギョ釣りの魅力を一人でも多くのアングラーに体感していただきたい。そして、この先も長くゲームを楽しむためにもライギョの置かれた現状を理解し、いたわってほしい。そんな思いを込めてライギョ釣りスタートＢＯＯＫは作られている。効率的にゲームを組み立てていくバスフィッシングとは異なり、ゆっくり流れる時間を味わいながらフィールドを巡り、1尾との出会いに感謝するのがライギョ釣り。毎日を慌ただしく生きる我々が忘れかけている冒険心もくすぐられる。ぜひ本書を手にライギョ釣りに出かけ、存分に癒されていただきたい。

Snak

ライギョ釣りとは、
郷愁をくすぐる趣深さに
遊び心や大ものとの駆け引きを
高次元で融合した
まさに『癒し』の釣りだ

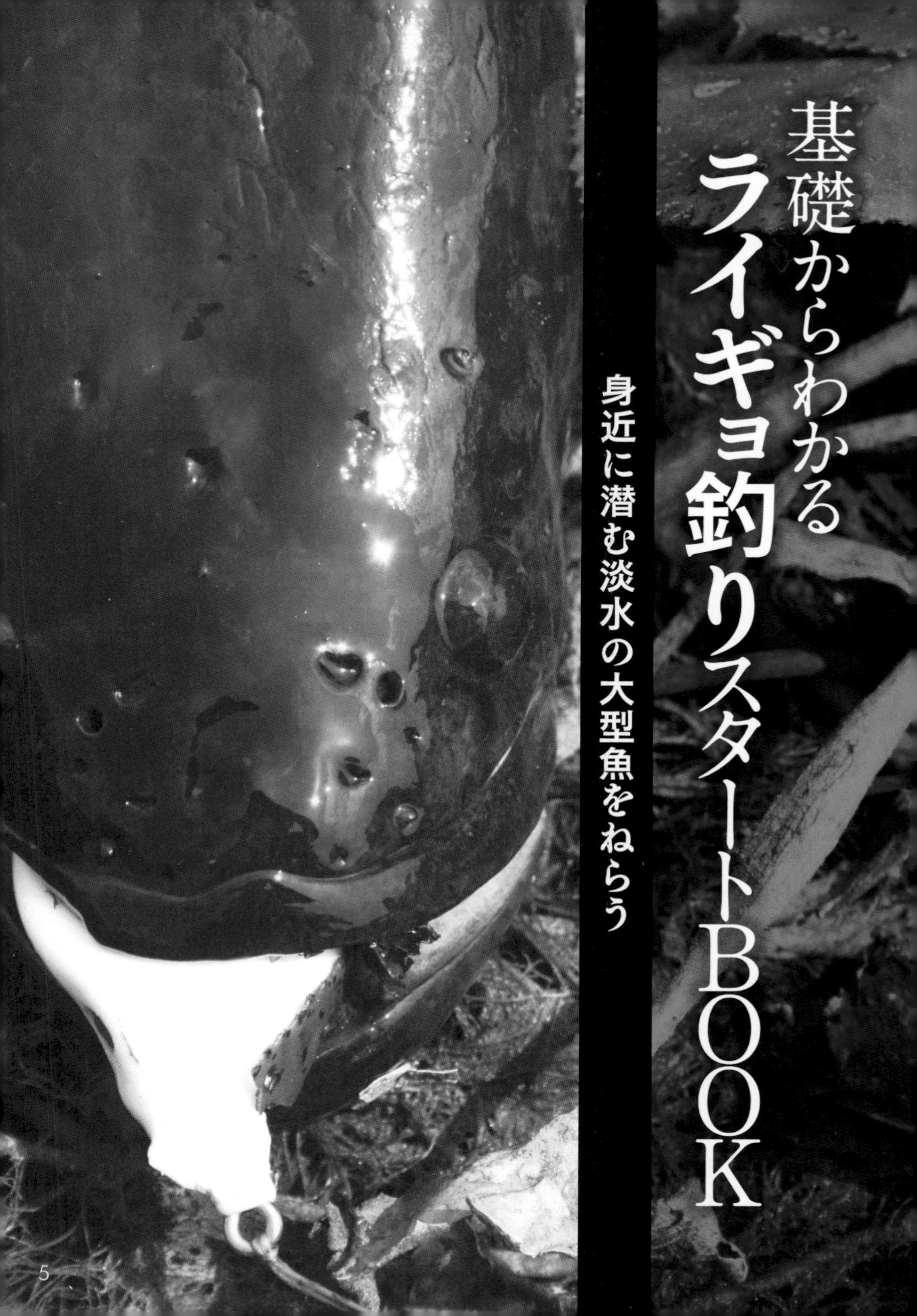

基礎からわかる ライギョ釣りスタートBOOK

身近に潜む淡水の大型魚をねらう

CONTENTS

基礎からわかるライギョ釣りスタートBOOK
～身近に潜む淡水の大型魚をねらう～

■企画構成
伊藤　巧
■デザイン イラスト
成瀬友勝（デザイン・レボ）
山本556（ココロデザイン）

■協力
赤羽修弥／大東たくじ／高井主馬
新家邦紹／プロショップ藤岡／丸山洋行
ルアーショップおおの／渡辺香佐

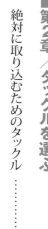

Prologue

ライギョ釣り はじめの一歩

釣趣や保護的観点から設けたルールに則って楽しむライギョ釣り。すべては末永く楽しむため。

ライギョは市街地を流れる河川をはじめ、天然の湖や潟など広く分布しているが、やはり田園風景が似合う

釣趣を満喫するために設けた4つのルール

　フロッグと呼ばれる中空ソフトベイトを用いるライギョ釣りの歴史は長く、すでに半世紀近く楽しまれている。ルアー釣りのひとつのジャンルとして、その地位を確立している。マニアックなイメージが強いものの、本来それほど堅苦しい釣りではない。少年時代にライギョを釣って遊んでいた人も多いはず。そんな人は、今一度童心に帰ったつもりで挑戦してほしい。経験したことのない人でも、優しいライギョはきっと微笑んでくれる。

　それではライギョはどこに生息しているのか。ライギョは人里から遠く離れた大自然の中で生きる魚ではなく、人々の息遣いが感じられる身近な場所に生息している。ノスタルジックな田園風景こそ相応しいが、天然湖や都市近郊の河川でも目にできる。日本全国に分布しているので居場所を探すこと自体はさほど難しくないはずだ。

　なお、抜群のフィールドが見つかったとしても、こっそり楽しむことをお

ウィードレス効果抜群の中空フロッグを使って水面で勝負する。オープンウォーターでも、このルールは変わらない

穏やかな日和に恵まれると、ライギョは水面直下をゆっくりと泳いでいる。上手にアプローチできれば食わせることができる

すすめする。安易な気持ちでＳＮＳなどに公開してしまうと大勢の釣り人が訪れ、瞬く間にフィールドが壊れて取り返しがつかない状態になってしまう。ライギョほどプレッシャーに弱い魚も珍しく、釣り場が沈黙してから公開したことを酷く後悔することになる。

そんな人間の圧力にめっぽう弱いライギョゆえに、アングラーは自らを律するルールを設けた。そのルールとは、おおまかに４つ。

①トップウォーターで勝負する
②バーブレスのフロッグを使う
③タックルはヘビーであること
④フックオフツールを携帯する

これらの条件はライギョ釣りを余すことなく楽しむ上で欠かせない。ライギョを元気に水に戻してやるためにも最低限必要なルールだ。細かい決め事が多くて敷居が高いといわれるライギョ釣りだが、我々がルールを守って自然を大切にすることで、末永くライギョ釣りが楽しめるのである。

トップにこだわって強烈なアタックを堪能

トップウォーターにこだわる理由はふたつ。まずは国内淡水魚でこれほど激しいアタック音（捕食音）を出す魚は他になく、水面で楽しまないともったいないから。アタックさせるまでの駆け引きも、他の魚と違って独特の『間』が存在する。フロッグのアクションひとつで明暗が分かれるので、駆け引き中の緊張感といったら筆舌に尽くし難い。ライギョのお眼鏡に適えば渾身のアタックがもらえる。その衝撃は、脳裏に深く刻まれるほど強烈なインパクトを釣り人に与えてくれる。これぞライギョ釣りの醍醐味。一度水面を炸裂させる強烈なアタックを味わったら、

思わずため息がもれる素晴らしいフィールドは減る一方だ。将来的に増える見込みも薄いだけに大切にしていきたい

納得してもらえるはずだ。

　もうひとつの理由は保護的観点。ライギョは護岸工事などの環境破壊、他の魚との生存競争、釣り人から受けるプレッシャーなど、さまざまな要因が絡んで減少傾向にある。郊外に豊かな自然が残っていた黎明期に比べると、その個体数は天と地ほども開きがある。それは他の動植物ともリンクしている。ライギョが多い湖沼や河川は、それ以上に他の魚も多く繁殖している。都市開発が進む時流の中で、環境が整った健康なフィールドは稀だ。このまま好き勝手に釣り続けているとライギョが消えかねない。そこで水面にエリアを限定して、水中を不可侵としてライギョにとっての聖域とした。

　これはライギョ釣りを愛するアングラーの暗黙のルール。トップで食わせられなかったらライギョの勝ち。フィールドを水面に限定することで、ライギョに与えるプレッシャーを釣り人が最小限に抑えるわけだ。これは他の魚種にない粋なスタイルであり、誇れる文化といってよい。

ヒシやハスなどのカバーで覆われたフィールドでは、必ずヘビーなタックルを使うこと。自信がなければキャストしない勇気も大切

確実なリリースこそライギョ釣りの美学

　ライギョ釣りには、ウィードレス効果に優れた中空のフロッグルアーを使う。それはライギョが障害物の多い場所を好むからだ。特に水生植物の下や際に身を潜めていることが多く、そんな場所ではフロッグしか使えない。水

ヘビーなタックルを駆使するライギョ釣りには、肝心な場面できっちりフロッグをプレゼンテーションできる体力と集中力が求められる

ライギョアングラー垂涎のヘビーカバー。攻略難易度も高いので、食わせのポイントからランディングする場所まで決めてからキャストする

取り込んだライギョは優しく扱うこと。慣れないうちは魚体を傷付けないよう草の上に置き、水をかけてからフックを外そう

ここ数年で増えてきた池や湖に浮かぶソーラーパネル。里山の風景を損なうばかりか、フィールドの環境を劣化させる

草の上でルアーを操るにはフックが隠れていないとアクションも付けられない。これが一番の理由である。もちろんオープンエリアでも使うのはフロッグオンリー。なぜなら水面下はライギョにとっての聖域だからだ。

ライギョが生息するフィールドで目にする水草といえばヒシ、ハス、ウキクサ、スイレン、カナダ藻、エビ藻、マツ藻、コウホネ、ジュンサイなどたくさんある。釣趣的に人気が高いのはヒシ藻のフィールドであろう。水面が水草で覆われていて喜ぶなど、ライギョ釣りぐらいだ。フッキングした直後に潜られて岸まで寄せてくるのに一苦労するのだが、これが何とも楽しい。ライギョ釣りならではの釣趣といえる。

そして、中空フロッグにセットするフックは必ずバーブレスにする。カエシがあるとライギョからフックを外すのに大変苦労する。大抵の魚はスムーズにできるフックオフ作業だが、ライ

フックオフ作業が手早くスムーズに行なえるようになればビギナー卒業だ。マウスオープナーやロングノーズプライヤーを必ず携行すること

ギョは口腔内が非常に硬くて容易ではない。フックオフに手間取っているとライギョを死に至らしめてしまうかも知れない。これがバーブレスにするだけで、あっさりフックオフできるようになる。

また、釣り上げたライギョがフロッグを口の奥まで飲み込んでいることはよくある。ライギョは歯が鋭いので、不用意に指を突っ込むとケガをする。そんな心配を考えると、フックオフツールは重要なアイテムである。慣れてきたらロングノーズのプライヤーが２本あれば対応できるが、各メーカーからライギョの口を開けるマウスオープナーが出ているので、特に入門したばかりのビギナーは必携すべきだろう。

ライギョ釣り専用ロッドには表記でライトからヘビーまであるが、一般のルアー釣りのロッドの表記でいくとライギョロッドの全部がヘビーもしくはエキストラヘビーに属する。ライギョは国内最大級の淡水魚であり、フィールドも障害物だらけなので、必然的にヘビーでなければキャッチするまで至らない。少しでも高い確率で取り込むためにもヘビータックルが必要なのだ。また、減少傾向にあるライギョを相手にラインブレイクは厳禁。フロッグが口の中に掛かった状態でライギョに生き延びる術はない。必ず取り込んでフロッグを外し、確実にリリースする。

ただライギョをキャッチするばかりがライギョ釣りではない。リリースまで完璧にこなすことで初めて達成感を味わえる釣りだ。まさしくライギョ釣りの美学である。

半世紀前と比べて大きく数を減らしているライギョ。この先も遊んでもらうためにも、優しく扱って確実にリリースする

第1章

Chapter 1

ライギョを知る

・生態と分布
・空気呼吸をする魚
・守りたい繁殖行動
・揺れる外来魚問題
・稚児池という伝説
・代表的な水生植物

ライギョの生態と分布

タイワンドジョウ科の総称であるライギョ。国内で我々がねらうのはカムルチーとライヒーだ。

ライギョとはスズキ目タイワンドジョウ科に属する魚の総称である。細長い身体や模様、そして顔つきがヘビに似ていることから、英語ではスネークヘッドと呼ばれている。ゆうに1mを超えるジャイアントスネークヘッドやコブラスネークヘッドといった大型種から、20cmで成魚というレインボースネークヘッドまでタイワンドジョウ科の魚は多く、温暖な東南アジアを中心に広く分布している。

日本にはカムルチーとライヒー（タイワンドジョウ）、コウタイという3魚種が生息している。コウタイは最大で30cmという小型種で、かつ生息域も極めて限定的なのでターゲットとして一般的ではない。本書では3魚種の中で最も個体数が多く、最大で1mほどに成長するカムルチーにスポットを当てて解説していく。

ゲームの主役はカムルチー

カムルチーは東アジアや中央アジアに生息するライギョ。標準和名のカムルチーは朝鮮語での呼称である。100年ほど前に韓国から奈良県に持ち込まれ、現在は全国に分布している。低水温にも耐えうることからノーザンスネークヘッドと呼ばれ、ロシアのアムール川流域にも生息する。

前後に細長い円筒形をしており、ニシキヘビを彷彿とさせる斑模様が美しい。体色は艶のある黄褐色で、体側には黒い斑紋が2列で並ぶ。背ビレは胴体のほとんど、尻ビレも胴体の後半部分におよぶ。肉食性なので口は大き

スネークヘッドと呼ぶに相応しいフォルムだが、顔は実に愛嬌がある。見ていて飽きない

く、下アゴが前に突き出て鋭い歯が並ぶ。フックオフの際に誤って指を噛まれると大ケガをするので、リリースを完了するまでは充分な注意が必要だ。

湖沼などの停滞水域や流れが緩い河川の中下流域に多いが、水質のよい清流にも生息している。春を迎えて日和に恵まれると、水面直下に浮いて日向ぼっこしている姿を目にするようになる。水温が20℃を超えると積極的に捕食行動をとり、水温が15℃を下回ると泥底に潜って冬眠する。繁殖期は5月から7月にかけて。水面に水草を集めてドーナツ形の産卵床を作り、中心部に卵を産み付ける。産卵後も雌雄揃って産卵床の下にとどまって卵を保護する。孵化した仔魚は卵黄を消費するまで巣内にとどまるが、やがて泳ぎだして親魚の保護のもとで群れを作って回遊する。稚魚は成長につれて群れを離れ、2年で全長30㎝ほどに成長する。

カムルチーは平野部の水田地帯で多く見かける。つまり米どころを知ることが大物への近道となる

人との生活と密接に関係しており、大型の多くは平野部の下流域に広がる水田地帯でキャッチされている。水生植物で覆われる別天地ではなく濁り水が流れ込む都市近郊の用水で釣れている理由は、ライギョの環境適応力によるものが大きい。しかし、最近は災害を未然に防ぐための整備が進められ、産卵床に適した水草が減り、繁殖不全に陥って個体数を減らしている。カムルチーと一言でまとめても東日本と西日本では、そのプロポーションは大きく異なる。いずれかが在来種の血筋なのではと実しやかに囁かれているが、その事実は確認されていない。

食性は基本的に魚食性で、甲殻類やカエルも好んで就餌する。水底や水生植物の陰に身を潜め、水面や近くを通りかかる獲物に飛びかかる。その派手な捕食シーンから獰猛なイメージが持たれているが、実際は警戒心が強い臆病な魚だ。

また、ライヒー（タイワンドジョウ）は台湾から大阪府に移入されたが、カムルチーのように勢力を拡げることなく、四国や山陽地方といった限定的なエリアで細々と生息している。最大で60㎝程度とカムルチーほど大きく育たないため、カムルチーに追いやられている。カムルチーの進出にともない交雑個体も確認されている。

空気呼吸しないと溺れる魚

厳しい生存競争を生き抜くためにライギョが獲得した個性こそ、劣悪な環境に耐える空気呼吸。

フィールドで目にするライギョの空気呼吸。エラ呼吸よりも体内に取り込んでいる酸素量が多い

環境に順応する能力の優劣は、種の存続や繁栄に大きな影響をおよぼす。生物は生息環境の変化によって問題が生じると、見事に順応して生存への道を歩むか、順応が適わず滅びゆく。こうした自然淘汰を何度も重ねることで生態系は収束し、その環境に適応できた種は個性を獲得する。長い歳月を経て生物の多様性が生まれ、それは現在も終わることなく脈々と続いている。

中でもライギョはとりわけユニークな存在である。一般的な魚はエラから水中の溶存酸素を取り込むことで呼吸を行なっているが、ライギョはエラ呼吸に加えて、魚でありながら口から直接空気を取り込む。地上に生きる動物のように肺があるわけではなく、口から吸い込んだ空気をエラの近くの上鰓《じょうさい》器官という粘膜（人間の肺のように血管が密集している）に通して酸素を吸収するのだ。

空気呼吸が6割の酸素を摂取

ライギョは魚類にあるまじきことに溺死することで知られている。エラ呼吸だけでは酸素の取り込み量が不足するからだ。そこで、足りない分は水面に浮き上がり、上鰓器官を介して直接大気から酸素を取り込むことで補っている。九州大学名誉教授の板沢靖男氏らの測定によると、カムルチーは空気飽和の水中にあっても、摂取酸素の約62％を大気中から、約38％を水中から取り込んでいるという。驚いたことに空気呼吸が本命なのである。

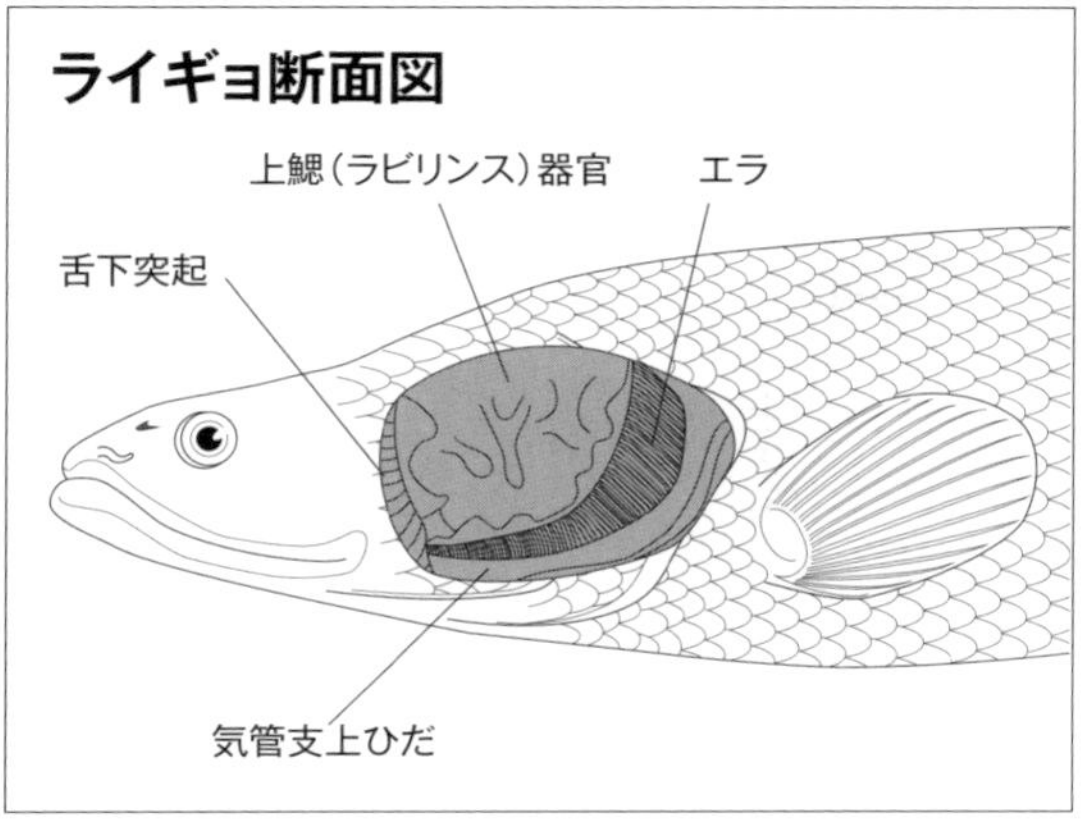

したがってライギョは、空気呼吸できない状況になると酸素不足で窒息。結果として溺死してしまう。ライギョが生息する湖沼において定期的に見られる水面の波紋は、まさに呼吸の痕跡なのだ。ゆっくり浮上して口先を水面につけて口を小さく開き、口腔内に空気を取り込んで再び静かに潜行する。他の魚と違って波紋が崩れることなくキレイな円を描いている点が特徴だ。また、吸気を完了して口先を沈める際に「カポン」という伏せたお椀を水につけるような音が出る。朝一などの静かな時間帯に耳を澄ませば呼吸音も聞こえるはずだ。この波紋と呼吸音は、捕食音と同様にアングラーの胸を躍らせる。

そんな呼吸なしでは生きられない性質は、厳しい生存競争が繰り広げられている自然界においては容赦なく淘汰されそうだが、実はそうでもない。空気呼吸が主であるため、たとえば他の魚には生存が難しい水中溶存酸素濃度が低い環境でも、たくましく生存することが可能なのである。都市近郊を流れる用水路などは夏に日照りが続くと水質が極端に悪化するが、劣悪な環境の中でも呼吸という個性を獲得しているライギョは耐えることができる。呼吸のおかげで外敵に駆逐されることなく生き延びてこられたのだ。ただし、最近は浄化技術が発展しており、昭和後期に比べて都市周りの水質も向上。その影響で、さまざまな外敵が台頭してきた。ライギョには少々厳しい状況になってきている。

ライギョの血液循環系にも注目したい。血液循環は呼吸で取り込んだ酸素を脳や筋肉などの体組織に供給するための重要な機構である。一般的な魚は心臓→エラ→全身→心臓という単式血液循環系を持つのに対し、ライギョの血液循環は心臓→呼吸器官→心臓という呼吸器循環と、心臓→エラ→全身→心臓という体循環の、複式循環を有している。これは両生類以上の空気呼吸動物に類似した高度な血液循環系である。魚類ではライギョとハイギョにのみ確認されている。

人々が生活する身近な場所に生息するライギョだが、ずば抜けた個性で環境に適応した類稀なる魚なのだ。

子育て中の親魚はねらわない

夏はライギョにとって一大イベントの繁殖期。この先もライギョ釣りが楽しめるよう見守ろう。

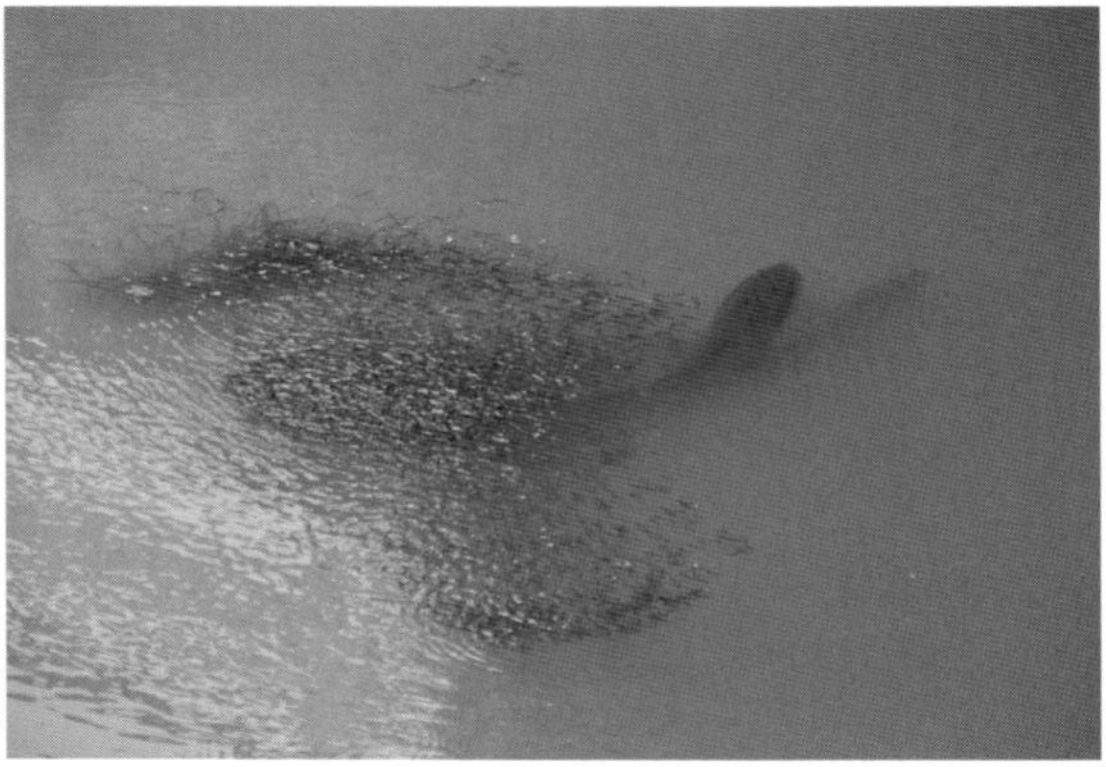

稚魚を守るつがいの親魚。刺激しようものなら猛烈な勢いで威嚇攻撃してくる。穏やかに子育てに集中してもらおう

近郊を流れる河川や田園地帯の用水路といった身近な場所で釣れるライギョ。人々の生活に近いがゆえに開発の名のもと釣り場は減少の一途をたどっている。釣り人の間でライギョは環境のバロメーターともいわれている。これ以上ライギョを減らさないためにも、ライギョ釣りを楽しんでいる我々まで繁殖のじゃまをしないよう気をつけたい。気付かず営巣中の親魚を釣ってしまうと残された卵や稚魚は生き残れない。しっかり見極めて子育てを見守りたい。「繁殖に勤しむ親魚はねらわない」とは、何とも粋なルールである。繁殖期に入った地域では釣りをしないエキスパートも多い。

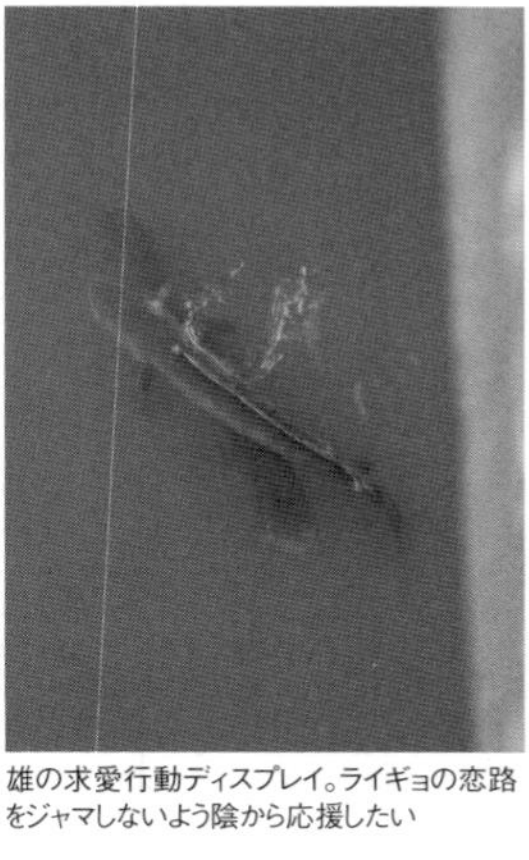

雄の求愛行動ディスプレイ。ライギョの恋路をジャマしないよう陰から応援したい

産卵床を把握して避ける

ライギョの繁殖期は一般的に梅雨から夏とされるが、全国に分布しているので地域や釣り場の環境によって大きなズレが生じる。5月を前にディスプレイが始まる地域があれば、9月に稚魚を守っているフィールドもある。水温が上昇して積極的に捕食するようになり、水面にポツリポツリとヒシ藻が顔を出してきた頃合いが目安になる。

繁殖期に入ると、背ビレを出して雌

ライギョの産卵床。水面下では親魚が卵を守っている。軽い気持ちでライギョの繁殖行動を無駄にしてはいけない

日を追うごとに気温が上昇してくると、田園地帯のあちらこちらでディスプレーを目にする

雄で絡み合う求愛行動、いわゆるディスプレイが始まる。雄の求愛が見事に成就すると、水草を集めてドーナツ形の産卵床を作る。巣は大きければ直径1mに達するほど。その真ん中に卵を産み付け、雌雄で卵を保護する。無事に孵化した仔魚は卵黄を消費するまで産卵床の中で過ごし、やがて群れを形成して水面近くを泳ぎはじめる。親魚も一緒に泳いで稚魚を守り、徐々に稚魚が散って一連の繁殖が完了する。

ディスプレイに始まり、稚魚が独り立ちするまでの間は親魚を刺激しない。不自然に水草がめくれ上がっていたり集積している場所は、産卵床である確率が非常に高い。ポケットが開いていれば間違いない。釣りを開始する前にフィールドを見渡して、産卵床があれば近づかないように。また、稚魚の群れも無数の小さな波紋が目印になる。近くに親魚が控えている。

魚の食欲や好奇心を刺激して騙して釣ることがルアーフィッシングの醍醐味。つがいで卵や稚魚を外敵から保護する習性を逆手にとって刺激する行為はくれぐれも慎みたい。ただし、用水路の岸壁に沿ってキャストしながら探り歩いていくなど、釣り方によっては気付かずに親魚の前にフロッグを通してしまうことがある。ある意味不可抗力なのだが、アタックが捕食ではなく威嚇攻撃なので一発で掛からないことが多い。フロッグを弾き飛ばすようなアタックはあやしい。不審に感じたらいったんロッドを置いて注意深く観察すべき。子育て中ならひと息つこう。

小さなライギョが多いフィールドは健康な証拠だ。ちゃんと繁殖行動が行なわれていれば、将来もライギョが遊んでくれる

外来魚問題に揺れるライギョ

外来種駆除のイベントが社会現象になる中で、ライギョをいたわりつつ上手に付き合っていく。

ライギョは東南アジア原産の魚である。今のところ日本国内においてカムルチー、ライヒー（タイワンドジョウ）、コウタイという3種の生息が確認されている。「日本産魚類大図鑑」によれば、日本へ最初に持ち込まれたのはライヒー。１９０６年に台湾から大阪府に移入されたとある。カムルチーは１９２３年に韓国から奈良県に持ち込まれた。北海道にも移入されたという記録も残っている。コウタイが入ったのは比較的最近の話で、１９６０年代に台湾から沖縄と大阪に持ち込まれている。既知のとおり、いずれもフィッシュイーターである。

　このような事情からライギョは環境省より要注意外来生物として指定されてきたが、外来生物法が２０１５年に改定。新たに環境省が公開した『我が国の生態系等に被害を及ぼすおそれのある外来種リスト（魚類）』に加えられた。社会的に外来生物は駆除すべきという風潮が強まってきていたので推移が心配されたが、生態系を破壊するような明確な被害は確認されていないとして、２０２０年4月の時点で3魚種ともリストから外れている。

　もちろん生態系ピラミッドの頂点に君臨し、補食により生態系を脅かす可能性が指摘されている現状に変わりはないので、リストからの除外を手放しで喜べるものではない。この先アメリカのように深刻な食害を起こすようなことがあれば、規制へと舵が切られることだろう。

　そんな危うい立場に置かれているライギョとこの先も末永く遊んでいくためにも「釣ったライギョを元の生息域から移動させない」というルールは厳守してほしい。アングラーが生態系破壊の元凶になることだけは避けなければならない。細々と生きているライギョをこれ以上追い込むことのないよう、我々は接していくべきなのだ。

貝塚から骨の発見を願う

果たしてライギョが在来種である可能性はないのだろうか。ライギョが在来種となれば話は大きく変わる。台湾や韓国から持ち込まれる以前より日本に定着していたことが証明できれば、めでたく外来生物のレッテルが外れ、晴れてライギョと共生できる。規制の可否に揺れる現状を思えば、ファンにとってこれほど嬉しいことはない。これは長らくライギョ愛好家の間で議論され、朗報が待ち望まれている。

近年三重県と大分県でタイワンドジョウ科の化石群が出土して話題を集めたが、これらの化石はいずれも200〜500万年前の地層から出土したものだった。この時代には国境線はおろか、まだ人間が存在していない。ホモ・サピエンスの出現はこれよりずっとあとの30〜40万年前である。日本は現在のような列島ではなく、中国大陸にくっついていたとされている。日本列島が中国大陸から分離して、日本海が現在の姿になったのは、わずか8000年前。このように日本列島が地理的にすら確立していない時代の地層から化石が発見されたところで、それを在来種とはできない。

在来種と認められるには何が必要なのかを考えると、やはり台湾や中国、朝鮮などと交易を開始する以前から、日本人とライギョにつながりがあったこと示す証拠が欲しい。着目したいのが、貝塚や古墳などの遺跡である。食事や供物などの痕跡としてライギョの骨などが遺っていないか。もし在来種がいたとするならば、おそらくは農耕の開始ともに田畑などにも棲息し、それが農耕民族にとって美味かつ貴重なタンパク源に成り得たと想像することに不自然さはない。ただし、遺跡などの発掘調査で貝塚からライギョの骨が見つかったという報告は未だない。この先の発見を願うばかりである。

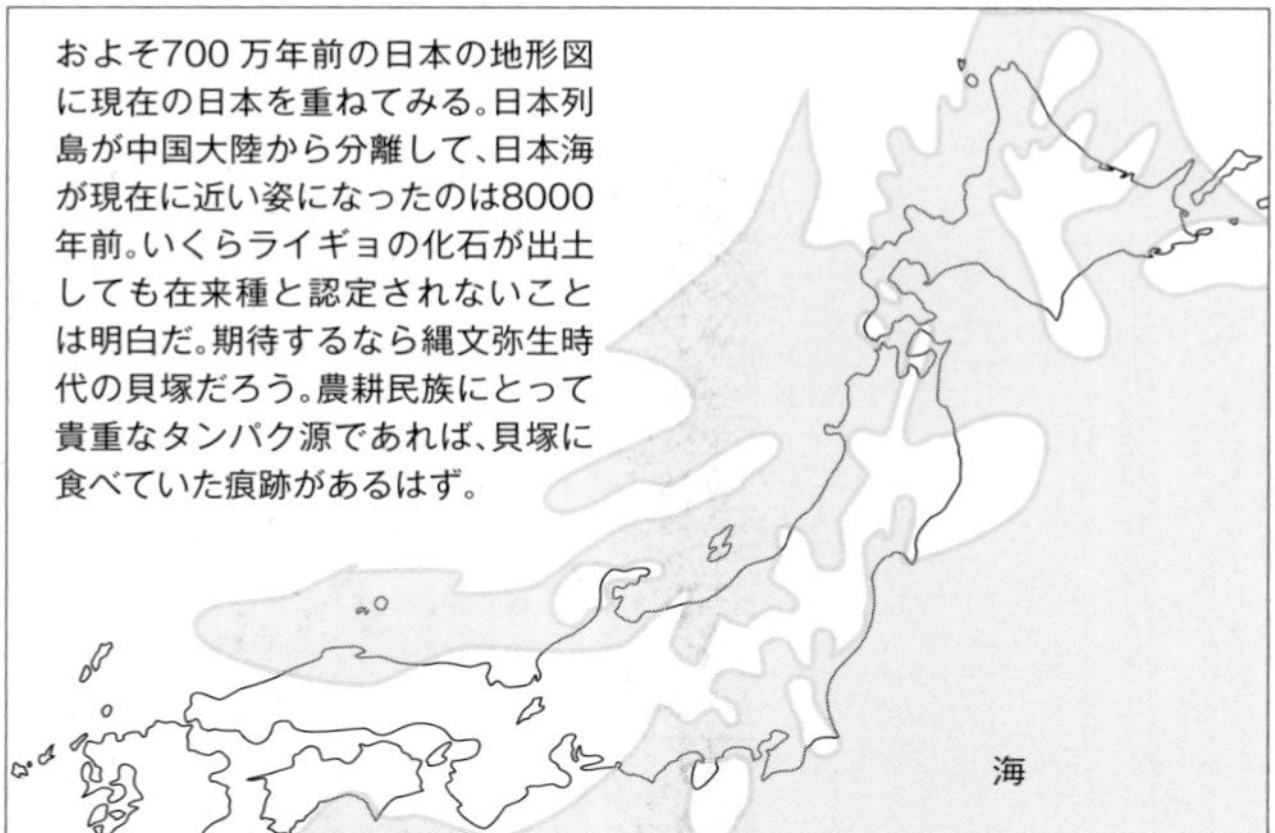

およそ700万年前の日本の地形図に現在の日本を重ねてみる。日本列島が中国大陸から分離して、日本海が現在に近い姿になったのは8000年前。いくらライギョの化石が出土しても在来種と認定されないことは明白だ。期待するなら縄文弥生時代の貝塚だろう。農耕民族にとって貴重なタンパク源であれば、貝塚に食べていた痕跡があるはず。

1m超えのライギョは釣れるのか

SNSの普及が大もの競争の激化を生んでいる。ライギョ釣りぐらいは肩の力を抜いて楽しみたい。

1mともなれば話は別だが、しっかりフィールドを選べば90cmクラスのライギョなら拝める可能性は充分にある

最大で1mに達することは知られているが、実際にライギョはどの程度のサイズまでなら釣れるのか。現在ライギョが置かれている状況を踏まえると、90cmを超えた時点で相当レアな存在だと考えて差し支えない。おそらく90cmはフィールドに精通したアングラーが、シーズン中に1尾キャッチできるかどうかのレベルだ。そもそもフィールドのポテンシャルが高くないと難しい。日本国内の自由に立ち入ることができるフィールドで、1mを超えるライギョと遭遇できる確率は極めて低い。現実はなかなか厳しいのだ。

大もの自慢が釣り場を壊す

過去の釣果記録としては昭和54年に新潟県の砂丘湖「稚児池」で釣り上げられた121cmが最大である。すでに40年以上も昔の話だ。この釣果が掲載された当時の雑誌も、大きさが桁違いであることを伝えている。写真を見ると大型特有の扁平した頭部が長く伸び、

40年前に121cmが釣れた稚児池の写真。不法投棄が多かったというが、湧き水によって水質はクリアで水草に覆われていたという

異様なまでに太い胴体が印象的だ。あまりに太くて大きく見えないところが、かえってリアルに感じてしまう。現在のように計測方法が正確ではない点や、釣り人が子供だったことなど、以前からサイズの信ぴょう性に物議を醸しているが、とび抜けて大きなライギョが釣れたことは事実であろう。今でもネットを検索すると、その記事を見ることができる。

昔のパラダイスも今は野球のグラウンド。都市開発が進んで今も多くのフィールドが消えている

昔は全国各地に豊饒なフィールドが点在しており、水郷地帯では大ものの目撃情報が飛び交った。当時のフィールドには夢があったが、近代化が進むと同時に田んぼの区画整理や治水工事が加速。現状は推して知るべし。伝説を生んだ稚児池も、現在は野球グラウンドである。環境が整わなければ大ものには出会えない。いくらテクニックが優れていても、釣りは魚がいないと成立しない。ゆえに多くのアングラーは夢のあるフィールドを目指して何百kmと車を走らせる。

夢を追うのは素晴らしいことだが、自己顕示欲のために魚を利用する行為はいただけない。「大ものを釣りたい」という純粋な気持ちが「大ものを自慢したい」というよこしまな考えに堕ちないよう、各自が自制心を持って楽しむことが重要だ。最近はSNSで気軽に釣果をアップする行為が日常的になっているが、くれぐれも場所を公開したり、間違っても写真に位置情報を張ってはいけない。また、写真の中にランドマークを入れないように気をつけたい。ライギョ釣りを始めたばかりのアングラーにありがちなミスだ。いとも簡単にフィールドを特定されて、あっという間に潰されてしまう。ライギョは自慢するためのツールではない。

ライギョという魚は見た目に似合わず、性格はとても繊細でストレスに弱い魚であることを認識してほしい。パラダイスを発見した喜びを誰かに伝えたい気持ちも理解できるが、ライギョのことを大切に思うのであれば、そっと楽しむことだ。釣り場が完全に沈黙してから後悔しても手遅れである。

まだ全国各地に誰にも釣られたことがないような強烈な大ものが潜んでいるはず。1mを超えるモンスターを釣りたいという純粋な気持ちでフィールドを巡っていれば、いつか出会うことができるかも知れない。

水辺に繁茂する水生植物

ライギョ釣りには水生植物が欠かせない。いい具合にブラインドを作ってくれるからおもしろい。

ヒシやハス、アシが密生するライギョにとっての理想郷。複合カバーは難易度高めで簡単には手だしできないが、大ものの気配が漂う

ライギョ釣りには水生植物の知識が必要だ。ライギョは水生植物を好み、ヒシの下やアシの際に潜んでカエルや小魚、エビなどを捕食している。フロッグを使う理由も、他のルアーでは太刀打ちできないさまざまな水生植物をストレスなく快適に探るためである。

水生植物は、大きく「抽水植物」「浮葉植物」「湿生植物」に分けることができる。抽水植物は泥底に根を張り、茎か葉の一部が水上に突き出ている種を差す。アシやハスがこれにあたる。水面に葉を浮かべて泥底に根を張るものが浮葉植物。代表的なものにヒシやガガブタが挙げられる。水面を漂うウキクサも浮葉植物に分類される。湿生植物は一時的に冠水するような湿潤地に生育する背が低いイネ科の植物だ。

ここではフィールドで頻繁に目にする代表的な水生植物を紹介しておこう。

ハスのフィールドは多くのファンが胸を躍らせる。茎が太いので巻かれたら大変な目にあう。手前をピッチングで釣っていくのがセオリー

代表的な水生植物

●抽水植物

ハス／インド原産のハス科多年草。大きな葉が水面を覆う初夏の姿は浮葉植物のようだが、大きく立ち上がるので

アシは全国のあらゆるフィールドで目にする。隙間からサオを出すなど上手に利用してライギョに近づく。ロッドをアシ色に塗っているエキスパートもいる

抽水植物。地下茎はレンコンとして食卓には馴染み深い。食用の他に宗教的なシンボルとして寺院の池で目にすることが多い。茎が太くて硬く、無数のトゲをまとっているので群生しているフィールドは攻略に困難を極める。ライギョに巻かれないよう寄せるには相当の場数を踏まなければならない。

ヨシ／一般的にアシと呼ばれるイネ科の多年草。河川や湖沼の岸際に繁茂する。特に湿地や浅い水域に群生していることが多く、高さはゆうに2mを超える。ライギョとの距離を縮めて釣る接近戦ではカーテンの役割を果たしてくれるが、足元が見えづらいのでヤブ漕ぎには苦労させられる。ライギョ釣りでは同じイネ科のマコモも含めてアシと呼んでいるが異なる植物である。

●湿生植物

ウキシバ／水面に広がって浮かんだ形態がシバに似ていることからウキシバと呼ばれるイネ科の多年草。全長は30～60㎝。陸生型と浮葉型の様式を持ち、水位変動が激しい用水やため池に適応している。フィールドで普通に目にする水草だが、準絶滅危惧種に指定している地域もある。水面が分からないので不用意に足を踏み入れると、深くハマり込んで脱出できなくなるので注意したい。

岸際の泥地はウキシバで覆われていることが多い。フロッグが引っ掛かる障害はないので釣りやすい。冠水するとウキシバの中にライギョが入り込むことが多い

●浮葉植物

ヒシ／ライギョ釣りの代名詞ともいえる池沼などに生えるヒシ科の一年草。春を迎えると前年に水底に沈んだ種子から芽吹き、茎が伸びて水面で葉を広げる。葉は扇子に似た三角で縁はノコ

ライギョ釣りといえばヒシ。釣りやすいのは一枚ビシまで。二枚ビシ以上は攻略難易度が大幅に上がる。国内で目にできるのはヒシの他に、オニビシ、トウビシ、ヒメビシがある

オニバスは一見するとハスの仲間のようだがハスは抽水植物。ハスのように立ち上がらず地下茎もない。茎や葉に大きなトゲが生えていることからオニの名前がついたとされる

ギリ状にギザギザしており、茎の先端に集まって放射状に広がる。パラビシや一枚ビシなど、濃淡によって釣り方が異なるので、最もゲーム性に富んだ水生植物といえる。

オニバス／新潟県を北限とするスイレン科の浮葉植物。成長すると1ｍを超える大きな葉を水面に広げる。葉が大きいのでポケットからポケットにフロッグを移動させながら釣るのだが、密生していると隙間が少なく効率が悪い。

ガガブタ／ため池や湖沼の水際に生えるミツガシワ科アサザ属の多年生の浮葉植物。抽水性の植物で地形茎を伸ばして成長していく。浮葉はハート形で直径15㎝前後。葉は薄いのでライギョが下から突き破るようにアタックしてくる。ライトカバーを代表する水草。花弁は白く、細かく裂けていて毛のように見える。属名のアサザは、鮮やかな緑色のガガブタよりも色が濃い抽水植物で3㎝ほどの黄色い花をつける。

ガガブタを見るとテンションが上がるアングラーも多いはず。アタックが取りやすく、茎が細いのでファイトもヒシに比べれば楽

ウキクサ／水田や用水路、ため池で見かける浮遊性のウキクサ属をひとまとめにウキクサと呼んでいる。葉に見えるものは葉と茎が融合した葉状体で、5㎜四方の卵球形をしている。裏から根が伸びている。成長が早くて瞬く間に水面を覆っていくが、完全に浮いているので流れが発生すると流れ落ちてしまい、雨あとに釣行したらツンツルテンになっていたなど珍しくない。真っ赤なウキクサが池を覆うことがあるが、これはアカウキクサ属のアゾラ。水鳥の体に付着して侵入する外来種だ。

ウキクサが溜まると、オープンをあっという間にカバーに変えてくれる。ライギョの警戒心も薄まり、釣りやすくなる

第2章

Chapter 2

タックルを選ぶ

- 絶対に取り込むタックル
- ロッド選びの基準
- 高負荷に耐えるリール
- 必ずPEラインを使う
- 表情豊かなフロッグ
- チューニング概要
- チューニングの手順
- フロッグに欠かせないブレード
- ナチュラルに動くファー
- チューニングの勘どころ
- ダブルラインを覚える

絶対に取り込むためのタックル

確実にリリースするためにも掛けたライギョは必ず取り込む。実現するにはタックルのパワーが肝心。

掛かったライギョを確実に取り込むためのタックル。パワー至上主義にならず、フィールドのロケーションに応じて的確に使い分けること

本書の冒頭でも触れているようにライギョ釣りには細かい暗黙のルールが存在する。個体数の減少が止まらないライギョの未来を憂いた先輩アングラーの方々が、末永くライギョ釣りを楽しむために試行錯誤しながら築き上げてきたものだ。ライギョ釣りを余すところなく楽しむためにも、必ず実践していただきたい。

そのルールのひとつに『専用ロッドとPEラインを使用して、掛けたライギョは100％ランディングする』というものがある。100％という数字が意味しているのは、ラインブレイクによってライギョの口内にフロッグを残すようなことがあってはならないということ。口の中にフロッグが引っ掛かったままの状態では捕食もままならず、ライギョは衰弱して最悪死んでしまう。こうした致命的なミスを起こさないためにも、ライギョ釣りにはパワーに余裕を持たせたヘビーなタック

パラダイスを前にすると胸が高鳴るが、キャストする前にヒットしたあとのことを考えることが大切だ

ルを使う。ヒシやハスなどの水生植物で覆われたフィールドであっても、掛けたからには責任を持って取り込み、フロッグを外して無事にリリースしなければならないのだ。

ロッドの流用は不可

重ねて書くが、ライギョ釣りには専用に開発されたヘビーなタックルを用いる。ロッドに関しては、エキストラヘビーのバスロッドやシーバスロッドといった、一般的にパワーのある他ジャンルのロッドを流用することはできない。まずは手持ちのタックルでライギョを釣ってみようという軽はずみな行為は許されない。ヒシをはじめとする浮葉植物は底から茎を伸ばしているので、ライギョを掛けると必然的にラインに干渉する。時にはライギョに先手を取られて巻かれることもある。そんな場面でパワー不足のロッドを使っていたら、とてもじゃないが引き寄せられない。はじめの一歩とはいえ、必ずライギョロッドを使うこと。ライギョロッドは100％のランディングを実現できるパワーを備えている。

同じようにベイトリールもライギョと真っ向勝負しても音を上げない堅牢性とパワーが肝要。やわなリールを使うとファイト中にシャフトが曲がって使い物にならなくなるので注意したい。当然ながらラインにもフッキングの瞬間やファイト中に相当の負荷が掛かるわけだが、鋭い歯が並ぶライギョのヘッドシェイクでも破断しない号数＆強度のPEラインを使うことでラインブレイクを回避する。ヘビーなロッドに頑丈なベイトリール、そして太いPEライン。これに中空フロッグをセットしてライギョタックルは成立する。

このように書くとパワーさえあれば問題ないと思いがちだが、ヘビータックルの中にも使い分けが必要になる。フィールドのロケーションが変わればマッチするタックルも変わるというわけだ。というわけで、2章ではライギョ釣りを楽しむためのタックルを解説していきたい。

ライギョとのファイトは力と力の真っ向勝負。タックルには相当の負荷が掛かるが、ものともせずに寄せられるパワーが必要

ロッド選びの基準

ライギョの大きさとフィールドのロケーションに応じて使い分けるロッド。最初に選ぶべき一本は。

最初の一本には、どんなライギョロッドを選ぶべきか。現在のライギョロッドはバリエーションに富んではいるが、フロッグオンリーの釣りなのでリグごとに使い分けるバスロッドほど複雑ではない。最初に考えるべき要素はライギョを寄せるパワー。水生植物に絡まれても強引に引き寄せるパワーが必要だ。パワーはライトからエキストラヘビーまで細かく分かれており、エキスパートは釣れるライギョの大きさとフィールドの水生植物の発育状況に応じて使い分けている。

ライギョ釣りは100％のランディングを前提にしているのでロッドもオーバーパワーが基本だが、単純にパワーのみを追求した棒のようなロッドを使えばよいというものではない。たとえばオープンウォーターのフィールドで度を超したパワーロッドを使うとファイト時にロッドが曲がらず、ヘッドシェイクの際にラインスラックが生じてバレやすくなってしまう。ライギョ釣り専用といっても適材適所でロッドの硬さを選ぶ必要がある。オープンではティップの追従性に優れるライトなロッドを使うことが、結果的にライギョへのダメージを軽減する。

オープンウォーターならライト、水生植物の浮葉が疎らに水面に生えているライトカバーならミディアムライト～ミディアム、さらに濃くなるにしたがってミディアムヘビーとパワーを上げていき、鬱そうと生い茂っているようなヘビーカバーではエキストラヘビーを使う。

ロッドの長さは近距離戦向けの6ftクラス（1ft＝30・48㎝）から、潟など広大なフィールドでの遠投を踏まえた8ftクラスまで揃っており、釣り場

ヘビーなロッドを使うライギョ釣り。ヘビーな中でも状況に応じた使い分けがある。カバーが分厚くなるにしたがってロッドも強くしていく

のロケーションに応じて使い分けたい。一日振り続けることを考えると、ロッドのバランスや重さも重要なチェック項目だ。

テーパーに関しては、軽量フロッグをテンポよく動かして釣りたいならファースト、オモリを多めに仕込んだ大型フロッグをストレスなくキャストしたいならレギュラーが使いやすい。

まずは汎用性に優れるミディアム〜ミディアムヘビーのロッドを購入して、ライトカバーのフィールドで練習したい。なお、ライトカバーといえども遠投した先で掛けると手こずるので、自分の技量を考えながら釣ること

ヘビーカバーは慣れてから

ライギョタックルを揃えたら、すぐにでもフィールドに繰り出したくなるところだが、いきなりハスやコウホネが群生していたりヒシが何枚も重なって盛り上がっているようなヘビーカバーに挑むのは避けたほうがよい。ライギョを掛けても動きをコントロールできず、水生植物の茎に巻かれる可能性があるからだ。ヘビーカバーは時にベテランアングラーですら苦戦する。

入門した最初のシーズンは、所々にポケットが空いているようなヒシやガガブタが薄く張るライトカバーのフィールドで練習してカバーの釣りを覚えていこう。経験を重ねながら徐々にステップアップしていけば、ハスのジャングルや絨毯のようなヒシ畑も攻略できるようになる。ヘビーカバーでしか味わえないエキサイティングなゲームが待っている。

以上を踏まえて、最初の一本にはライトカバーにはパワー的に余裕があるミディアムやミディアムヘビーのロッドを推奨。長さは汎用性の広い7ftクラスが使いやすい。

なお、現在のライギョロッドは1ピースが主流。グリップが取り外しできるオフセットハンドルと、伸縮するテレスコピックの2タイプがある。テレスコタイプは簡単に畳めるので軽自動車での移動も楽だ。また、最近は携

ヘビーカバーの釣りはライギョゲームの花形。マスターできれば最高にエキサイティングなゲームが堪能できる

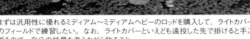

帯性に優れる3ピースモデルも登場。飛行機を利用しての遠征に重宝する。お気に入りを探していただきたい。

細分化が進んだロッド

根幹は不変ながらもライギョ釣りはシーズンごとに発展し、今では釣趣を考慮できるほどにタックルは進化した。オープンやライトカバーに使うロッドはよりライトに。ヘビーカバー用はさらなるハードな進化を遂げている。特にライトからミディアムパワーの細分化が顕著で、サイズを問わず1尾とのファイトを楽しむためのロッドや、一枚ビシのクリークを探っていくロッド、ライヒーに適したロッドなど、コンセプトやロケーション、ターゲットに応じて選べるほどにラインナップは充実している。自分の嗜好にマッチするロッドが必ず見つかるはずだ。

なお、先にも述べたようにロッドに

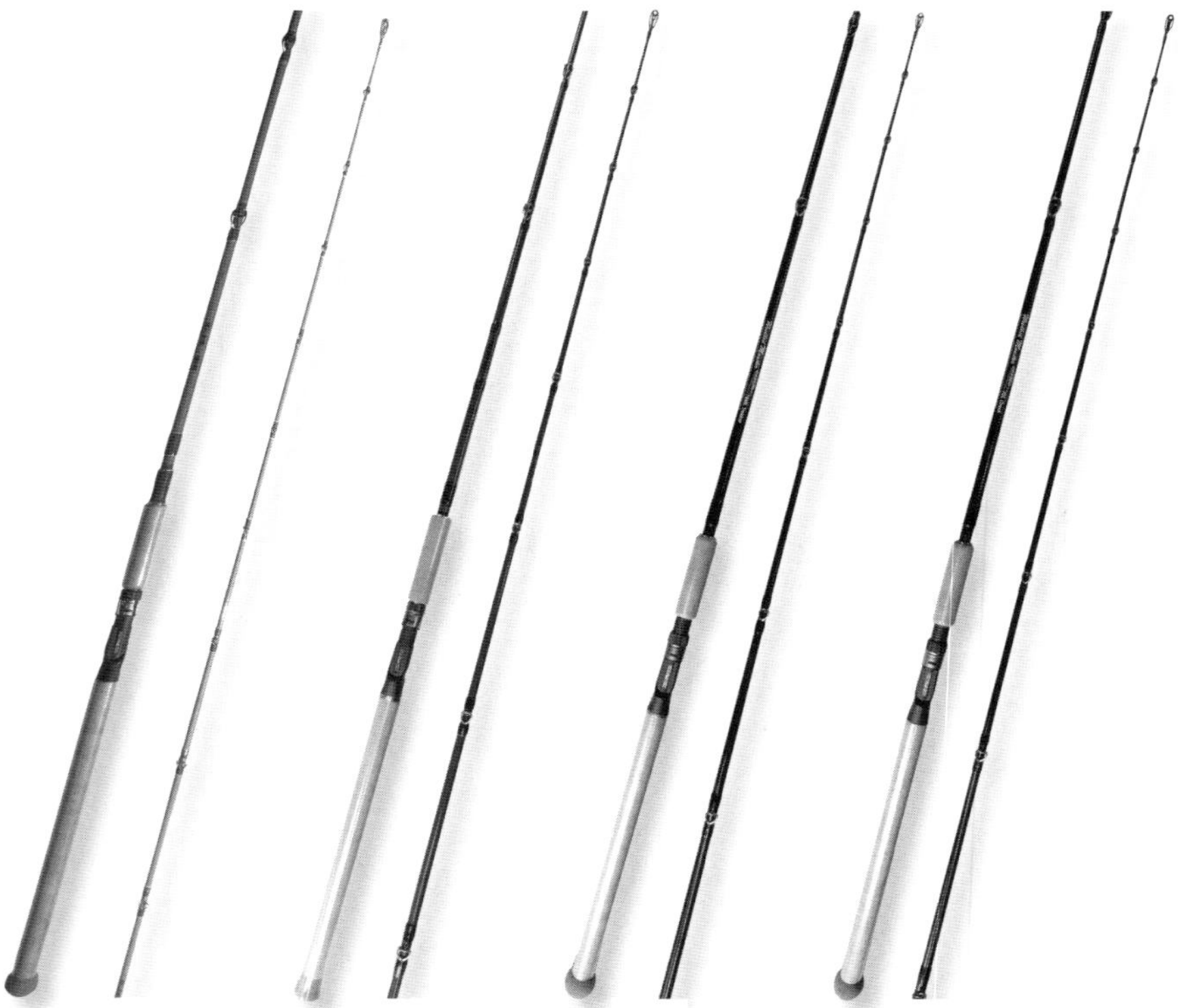

プロショップフジオカ
鬼に金棒
Vantage Evolves
80LL-VE

ラッティーツイスター
ライムカントリー
7.7STDS.

ルアーショップおおの
ウィードヘッドモンスター
76ML トレッカー

ルアーショップおおの
ウィードベッドモンスター
72L クリーク

は強度と粘りが求められるので、どのロッドも太く、素材には中弾性カーボンがメインで使われている。さらにグリップはダブルハンドル。つまり、ロッドとしてはかなり重い部類に入る。重たいロッドに大きなリールをセットして、太いラインで軽いフロッグをキャストするというのだから、フィネスな釣りが流行っている今どきのルアーフィッシングシーンに逆行するスタイルだ。軽いフロッグをストレスなくキャストするにはバスロッドのようなライトロッドが適しているが、カバーをステージとするライギョ釣りにやわなタックルは用いない。足りないところはアングラーの技量で補う。そこがライギョ釣りのおもしろい部分なのだ。

ライトなタックルでより大きな魚を釣ることがスポーツフィッシングの世界では讃えられるが、より太いラインで確実にキャッチすることがライギョ釣りの基本なのである。

■最初の1本に使いやすいライトカバー向けロッド

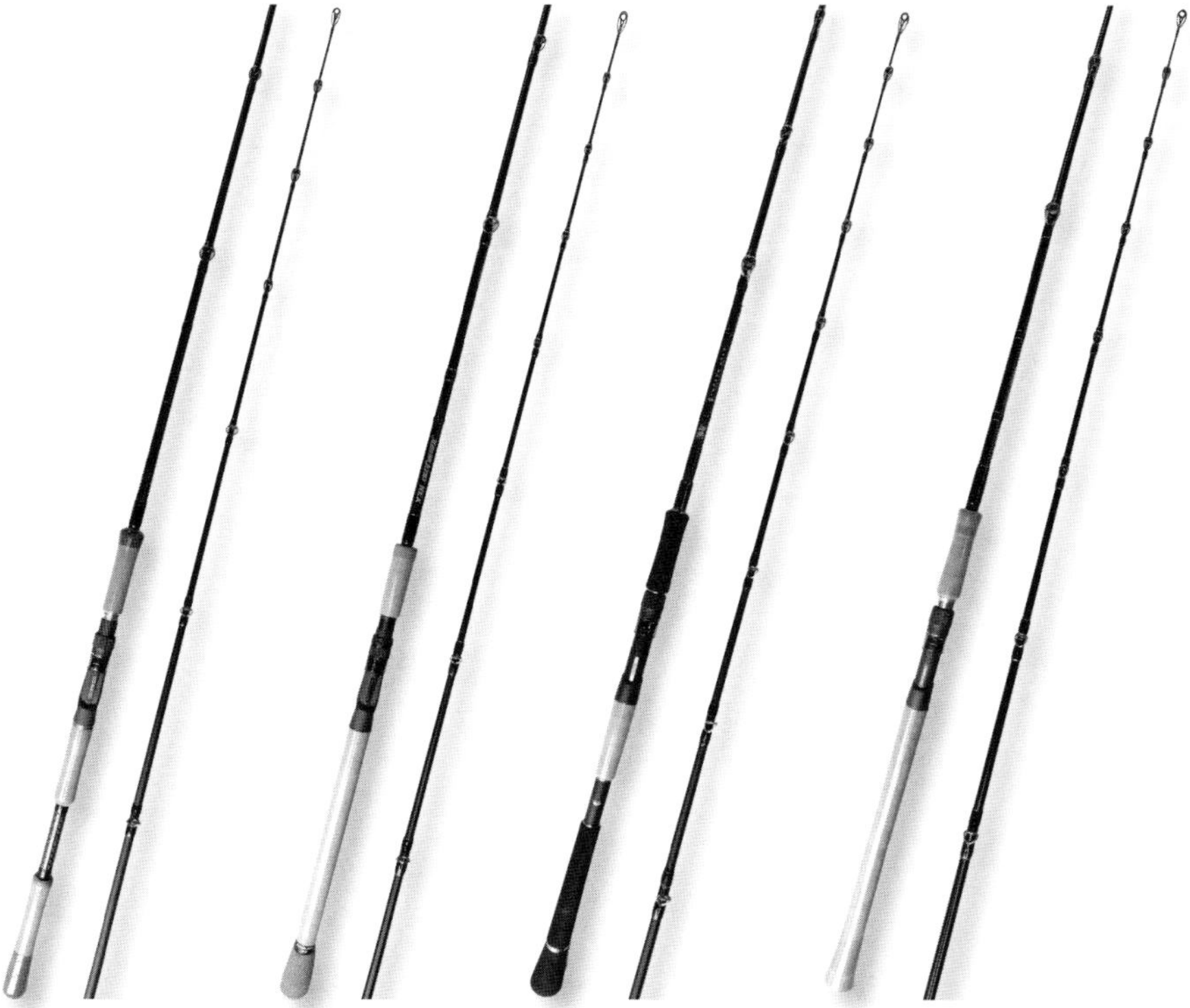

テンリュウ
ミズチ
MZ73M
クリークマスター

スミス
マグナムハスキー NEX
MHN-74H

ウィップラッシュファクトリー
ヘッドガンナー
HG-702HH

ウィップラッシュファクトリー
GUN2ZERO
スネイクヘッドスペシャル
GGZ-76HH ウィードスライダー

高負荷に耐えるリールを使う

ライギョ釣りには頑丈で壊れないリールが必要。糸巻量の多い深溝タイプがマッチする。

ライギョ釣りはリールが頑丈でないと釣りにならない。ラインが太いのでラインキャパシティーも重要

　ファイト中に高負荷が掛かるライギョ釣りには、両軸で負荷を受けるベイトリールを使う。リールに求める性能は、主に「強度」と「ラインキャパシティー」の2点だろう。

　カバーに覆われたフィールドで使う場面が多いので、とにかく頑丈であることがリールの第一条件。カバー越しのファイトや藻ダルマになったライギョを強引に寄せてくるときにフレームが歪んだりハンドルが曲がるようなリールは使えない。もちろんフレームに限らず、内部のギアやシャフトも強度のあるモデルを使うこと。

　そしてライギョ釣りには他の釣りでは使わないような太いPEラインを使うので、ラインキャパシティーが重要で、8号が90mほど巻けるリールを使いたい。ゆえにシャロースプールのリールは使えない。

　他にリールを買う際に考慮したいポイントがギア比。ライギョ釣りにはパワーのある低速ギアが向いているようにも思えるが、ライトカバーやオープンでサイトゲームを楽しむ場合は素早くフロッグを回収できるハイギア仕様のリールが威力を発揮する。

高性能な国内リール

　黎明期から支持されているリールといえば、アブガルシアのアンバサダー6000番クラス。特に84年以前に製造されたオールドアンバサダーは愛好家が多い。オールドアンバサダーは構造がシンプルゆえに頑丈。メンテナンスが簡単で、1時間もあれば分解してクリーニングを施し、オイルを差して組み上げられる。また、パーツの互換性に優れる上にチューニングパーツが豊富で、自分好みのリールにカスタムできる点も、機械いじりが好きな人の琴線に触れると思われる。今なお絶大な人気を博しており、プロショップからもオリジナルモデルが定期的にリリースされている。

ちなみに飛距離を必要としないフィールドであれば5000番クラスでも問題ない。スプールが小さければ軽量フロッグのキャストも容易になる。

国内のリールはジュラルミンなどの鋳造素材を削り出した堅牢かつ軽快に操作できる優れたリールが多い。ダイワのリョウガシュラプネルとシマノのカルカッタコンクエスト300～400が人気だ。いずれもスペックでは現時点における最高峰のリールとあって、滑らかかつ剛性感のある巻き心地やパワー、ドラグ力などは他の追随を許さないクオリティーだ。また、ロープロファイルタイプながら大口径ギアを組み込み、ラインキャパシティーを確保したアブガルシアのレボビーストを使用するアングラーも増えてきた。

最近は海での大物ねらいやアマゾン遠征などが注目され、ハイパワーのベイトリールの需要が高まっており、今後もハイスペックなリールが登場してくると思われる。要チェックだ。

■頑丈で頼れるリールたち

ダイワ　リョウガ　シュラプネル

シマノ　カルカッタ　コンクエスト400

アブ　アンバサダー　6500CS ロケット

アブガルシア　レボ　ビースト

ラインは必ずPEライン

あらゆる水生植物と対峙するライギョ釣りには、強度と耐摩耗性に優れる太いＰＥラインを使う。

水生植物との摩擦やライギョの激しいヘッドシェイクなどからラインブレイクを回避するために、8 号以上の PE ラインを使う

さまざまな障害物にラインが擦れるライギョ釣り。ラインには直線強度に加えて耐摩耗性が求められる。特に水生植物の葉や茎は、表面がヤスリ状になっていたりトゲで覆われており、擦れに弱いラインを使うと簡単に傷が入って破断してしまう。

浮葉の上にフロッグを滑らせているだけでもラインは傷んでいく。これがカバー越しのファイトともなれば、大きな負荷がラインに掛かった状態で水生植物と激しく擦れることになる。この摩擦の問題をクリアする強度のモノフィラメントラインでは太過ぎて釣りにならないので、ライギョ釣りには8号から12号のＰＥラインを使う。ＰＥラインなら太号柄でもしなやかで扱いやすい。

ハスやコウホネのように茎が太い抽水植物が群生するフィールドでは、12 号のラインを使うこともある

こまめに傷をチェック

なぜ号数なのか。他のルアーフィッシングではポンド数が重視されるが、ライギョ釣りに関してはラインの太さが直線強度と等しく重要なのだ。一般的には同じポンド表記のラインなら細

いほうが高性能だが、ライギョ釣りに関してはここに耐摩耗性を加味する。

　いくら直線強度が高くても、摩擦に弱ければ使えない。最新のPEラインは細号柄で充分な直線強度を持っているが、細いがゆえに根擦れによるラインブレイクの危険性をはらんでいる。高性能のPEラインでも8号を下回る号数は危険と考えたい。

　PEラインの撚りイトに関しては、以前は8ブレイドが主流だったが、現在は編み込みの技術が進化して12ブレイドも手頃な価格で入手できるようになった。最新のPEラインは10号で150ポンドに達する。ちなみにラインに表記してあるポンド数は、あくまでも直線にして引っ張ったときに破断する値である。あとで解説するダブルラインを作るビミニツイストも強度劣化は少ないとはいえども、この数値のままというわけにはいかないので、何しろ無茶をしないことが大切だ。

　使い分けとしては、オープンやライトカバーには8号、ヘビーカバーには8号から12号、ハスやアシなどの抽水植物が密生する超ヘビーカバーには10号から12号といった具合に、水生植物の難易度に応じて使い分けるアングラーが多い。釣りに慣れるまではライトカバーで練習することを前提に考えるならば、8号もしくは10号のPEラインを巻いておけばよい。

　なお、PEラインだからといって過信は禁物。毛羽立ちに気づいたらカットして結び直すこと。ライギョがヒットしたあとも結び直しておきたい。またキャスト時のバックラッシュでも繰り返すうちに強度が低下していく。PEラインは低伸度ゆえに、劣化した状態で瞬間的に力が加わると簡単に破断するので、まめに傷が入っていないかチェックすること。

■ライギョ用の代表的なPEライン

バリバス
雷魚 SMP カモフラージュ

バレーヒル
ヘッドハンター・SRV

ラッティーツイスター
リリーパッドマスター
ホワイト&ブルー スーパー PE

ルアーショップおおの
スーパースタウト PE

YGK よつあみ
バルゴス
エクセレント PE WX8

表情豊かなフロッグルアー

ライギョ釣りに使うルアーはフロッグオンリー。これが実にバリエーション豊かで飽きないのだ。

フロッグの形状はバリエーション豊か。リアル系からコミカルなものまで使っていて楽しくなるものばかり

最初は未完成品

カバーゲームを基本とするライギョ釣りには、ウィードレス効果に優れたフロッグと呼ばれるソフトベイトを使う。現在アングラーから圧倒的な支持を集めるフロッグは、中空ボディーのダブルフック仕様。セルフウィードレス効果が抜群で、ライギョがアタックしてきた瞬間にボディーが潰れ、ボディー後方にセットしてあるダブルフックのポイントが露出する仕組みだ。構造がシンプルなのでトラブルは極めて少ない。

■ダンゴを生み出したフロッグ

40 年前にダンゴになったスナグプルーフ。現在は改造パーツが充実して仕上がりも美しいが、基本は変わっていない

スナグプルーフ
オリジナルフロッグ

上がダンゴ。浮き角度や重さを調整することで、同じフロッグでもまったくの別物に仕上がる。さらに下のフロッグのようにブレードやファーといったアトラクターを装着してカスタマイズする。このチューニングが実に楽しい

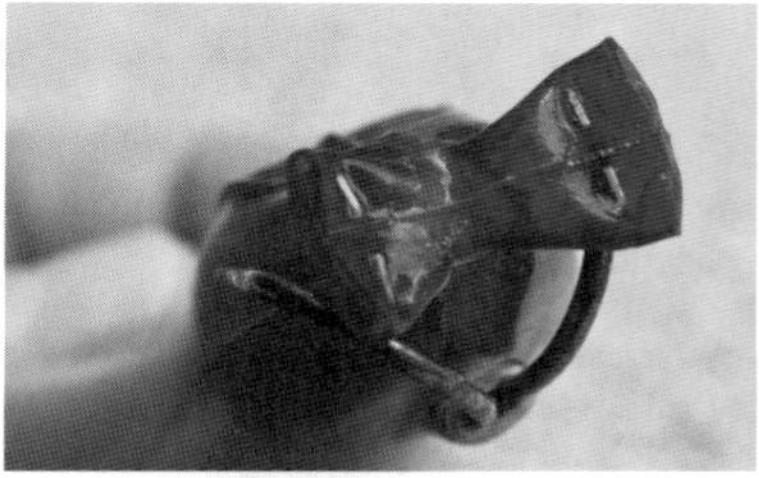

シーリング剤などなかった最初期のダンゴは、ワームを溶かしたりホッチキスでとめて穴をふさいでいた

各メーカーからさまざまなライギョ用の中空フロッグが市販されており、そのほとんどは完成品ではなくチューニングが必要だ。これは釣り場の条件に応じてバランスやウエイト、アトラクターの異なるフロッグを使うためだ。アイの強化とウエイトの調整、そして浸水を防ぐシーリングを行なって、ようやく使えると考えてよい。

フロッグにチューニングが行なわれるようになったのは、今から40年ほど前。現在も高い人気を誇るスナグプルーフフロッグの脚をカットして使ったのが最初だ。お団子のような形状で使ったら、これまでフッキングしなかったライギョが次々に釣れたという。ダンゴと呼ばれる形状の始まりである。基本コンセプトは今も変わりない。今では多くのアングラーがダンゴにブレードやファーをセットするなど、さまざまなアレンジを施し、オリジナリティーあふれるフロッグを使っている。

改造もライギョ釣り

トップウォーターゲームといっても、水草ひとつないオープンウォーターからハスやヒシが立ち上がったヘビーカバーまでフィールドのロケーションはいろいろ。釣り場も細い用水から広大な沼や潟までさまざま。そこで自分の好みにチューニングを施したフロッグを取り出すわけだが、その選択でライギョの反応は大きく変わる。

一枚ビシ以上のカバーであれば、スムーズにカバーの隙間をすり抜けてくる先の尖ったフロッグを使うとよい

シルエットの大きいフロッグを使うべきか、はたまたひと口サイズを結ぶか。ウエイトは重めか軽めか、重心はフロントかリアか、カラーや形状は……。アトラクターもブレードやファーなど、その種類は豊富で数え切れないほどだ。チューニングのバリエーションは数限りない。

　このフロッグチューニングが、小さな玩具を組み立てるみたいで実に楽しい。週末に行くであろうフィールドを思い浮かべながらチューニングしていると、時間が経つもの忘れてしまう。自宅にいながらライギョ釣りを楽しんでいるのだ。

　入門したては大変かもしれないが、慣れていけば自分だけのチューニングパターンが見つかるはず。地域ならではのチューニングもあるので、いろいろ研究していただきたい。なお、ブラックバス用のフロッグもライギョ釣りに流用可能だが、必ずフックのバーブは潰してシャープナーで研いでおくこと。飲み込まれたときに外せなくなる可能性がある。アイも強化しておく必要がある。

ボディーの形状と動き

　フロッグは、スナグプルーフフロッグのように脚がついているタイプもあるが、基本的にカットしてダンゴと呼ばれる形状にして使う。現在市販され

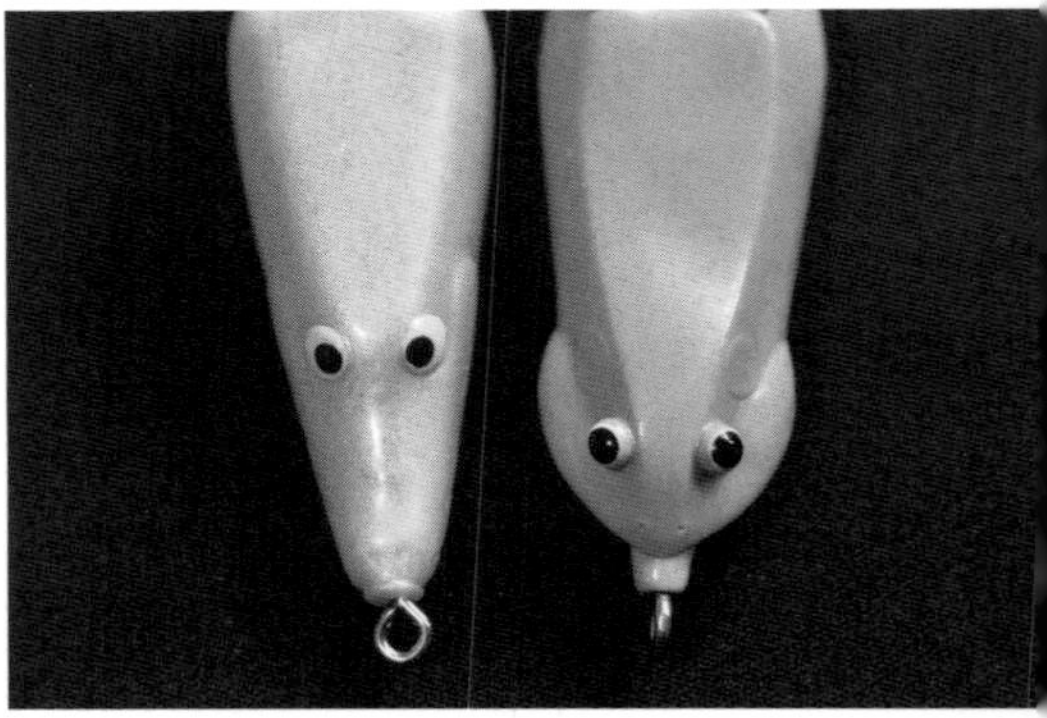

ヘッドの形状で得意とするロケーションが異なるので、適材適所で使い分けるとライギョとの距離も縮まる

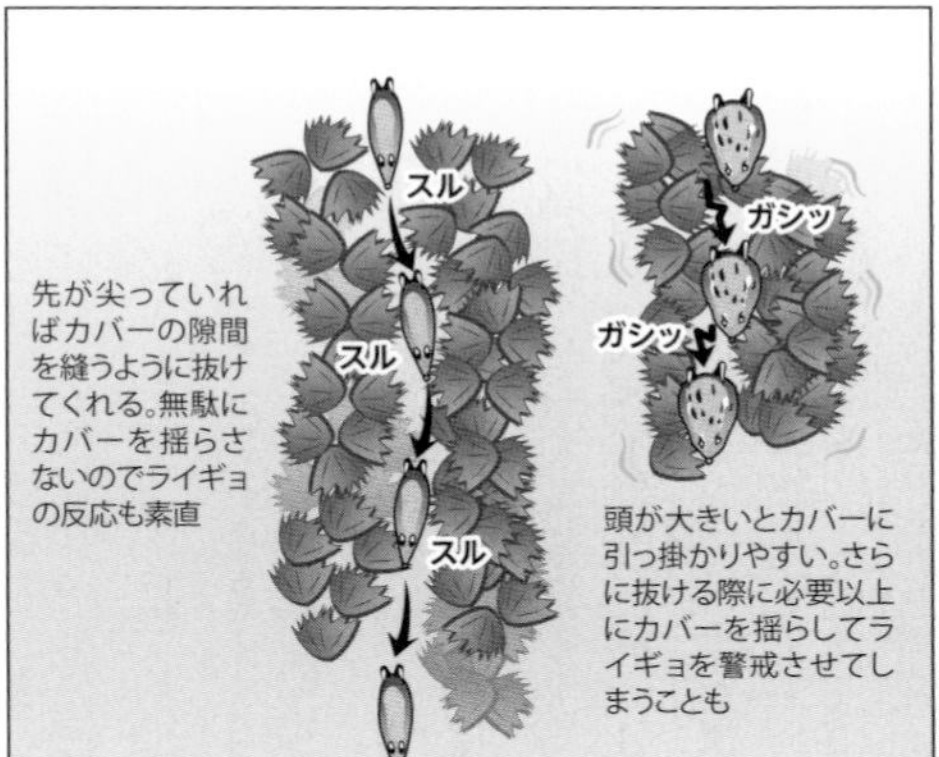
スル
スル
スル
先が尖っていればカバーの隙間を縫うように抜けてくれる。無駄にカバーを揺らさないのでライギョの反応も素直
ガシッ
ガシッ
頭が大きいとカバーに引っ掛かりやすい。さらに抜ける際に必要以上にカバーを揺らしてライギョを警戒させてしまうことも

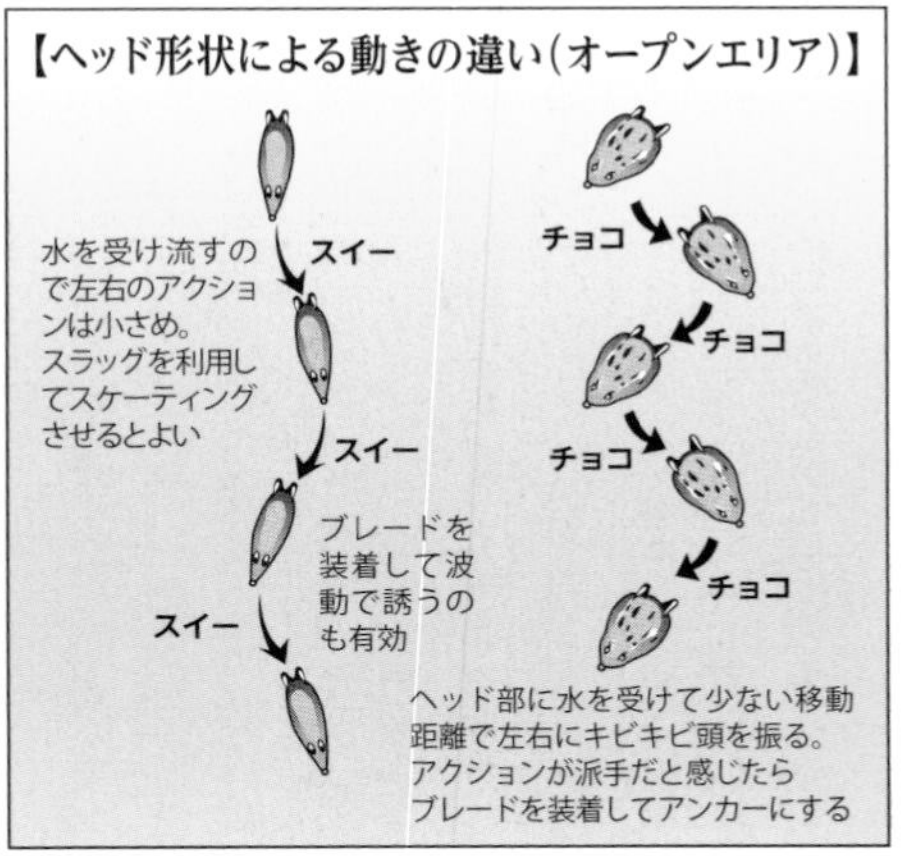
【ヘッド形状による動きの違い(オープンエリア)】
スイー
水を受け流すので左右のアクションは小さめ。スラッグを利用してスケーティングさせるとよい
スイー
ブレードを装着して波動で誘うのも有効
スイー
チョコ
チョコ
チョコ
チョコ
ヘッド部に水を受けて少ない移動距離で左右にキビキビ頭を振る。アクションが派手だと感じたらブレードを装着してアンカーにする

ている国内メーカーのフロッグは最初からダンゴになっており、チューニング時に好みのアトラクターをセットする。そのフォルムは、ぼた餅のようなずんぐりしたものから細長いペンシルベイトのようなシルエットまで実にバリエーションに富んでいる。

ボディーの形状はアクションはもちろん、カバーでの操作性に大きく影響する。特徴が出やすいのがヘッド部。先尖りになっているフロッグは、カバーをすり抜けやすい。僅かな隙間にもスルリと食い込ませることができる。カバーの上で使って真価を発揮する。ヘッド部に受ける抵抗が少ないのでドッグウォーク系のアクションを不得手とするタイプが多く、オープンではブレードをセットしてのタダ巻きが効果的。逆にヘッドが大きいフロッグはヒシのポケットなど狭いエリアで細かくアクションさせるとよい。

ヘッド部と同じく腹面の形状もフロッグの動きに大きく影響する。フラットな腹面はカバーの上で安定する。引き波を立てず静かに誘うには水面を滑りやすいフラットな腹面が有効。浮き角度を調整すればポケットで多彩なアクションを演出することも可能だ。腹面に丸みを帯びたフロッグはカバーの上で転がりやすいが、ポケットで誘いを入れたりする際には抜群のアクションを見せる。

■使いやすい人気のフロッグ

ウィップラッシュファクトリー
ZOD

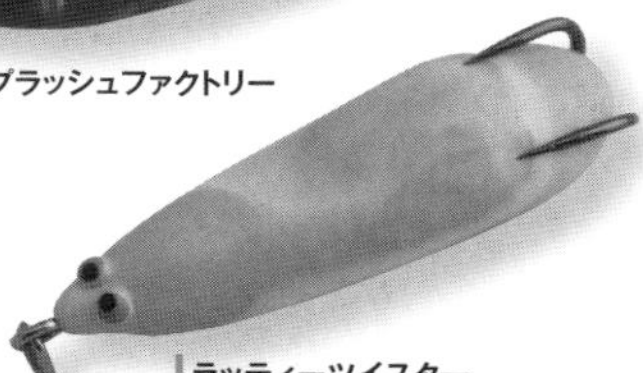

ラッティーツイスター
リリーパッドジェリービーンオリジナル

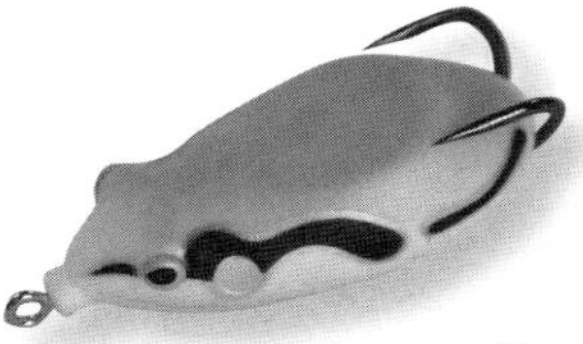

スミス
グロッサ ORG

マンズ
スイミングフロッグ

注目の大型フロッグ

最近は大型フロッグやポッパーを愛用するアングラーが増えてきた。特に大型フロッグは各メーカーから数多くリリースされている。ボリュームのあるフロッグはボディー内の空間スペースも大きく、より多くのウエイトを仕込むことができる。フロッグを重くす

■使い方いろいろ大型フロッグ

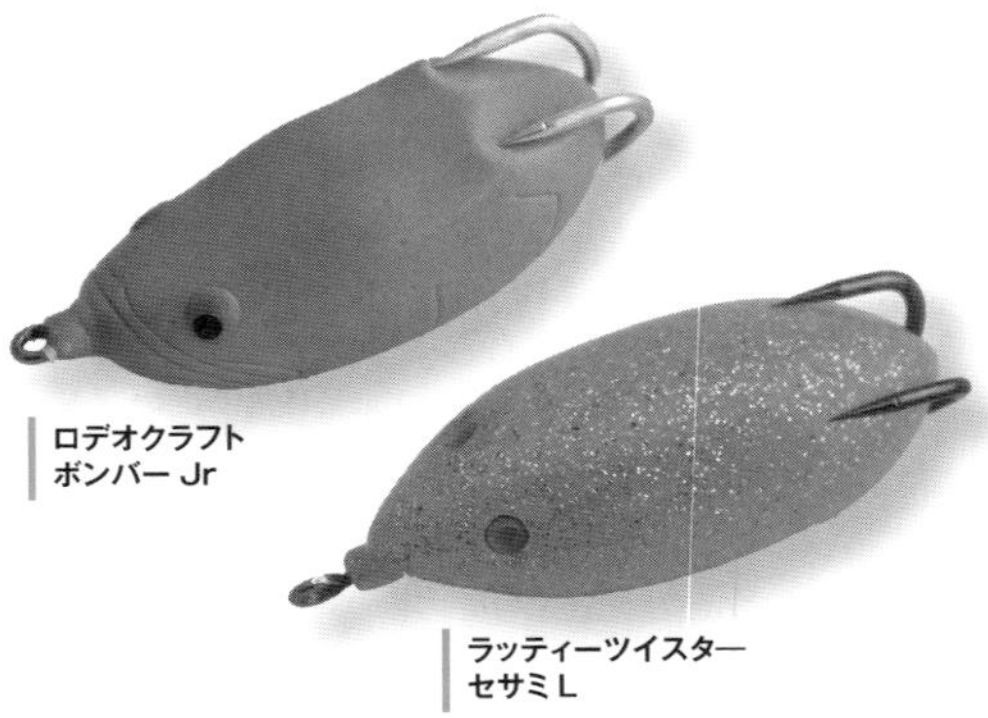
ロデオクラフト
ボンバー Jr
ラッティーツイスター
セサミL

ることで遠投性能を向上させられるので、これまで届かなかったエリアも射程内に入る。また、フロッグを重くすることで分厚いカバーの下にも振動を伝えることができる。軽いフロッグではコロコロ転がってしまう分厚いヒシ畑も、しっかり押さえつけながら水面下に振動を伝えられ、ライギョのアタックにも弾き飛ばされにくい。

　大型フロッグならではの強烈な水押しと大きな引き波のアピール力は絶大で、オープンやライトカバーでも使いどころは多い。あえてノーシンカーで使うのもおもしろい。大きなボディーながら軽量に仕上げたフロッグは、柔らかいながらも腹打ちするようにパターンと着水し、その大きな波動が広範囲にアピールする。そして、ノーシンカーならではの浮力の効いたポップなアクションで誘うと、ライギョにスイッチが入りやすい。

　基本的にダンゴで使うことが多い大型フロッグだが、他のフロッグではアクションを壊してしまうような大型のブレードが装着できる点は魅力だ。より激しい水飛沫と引き波に反応するライギョは多い。

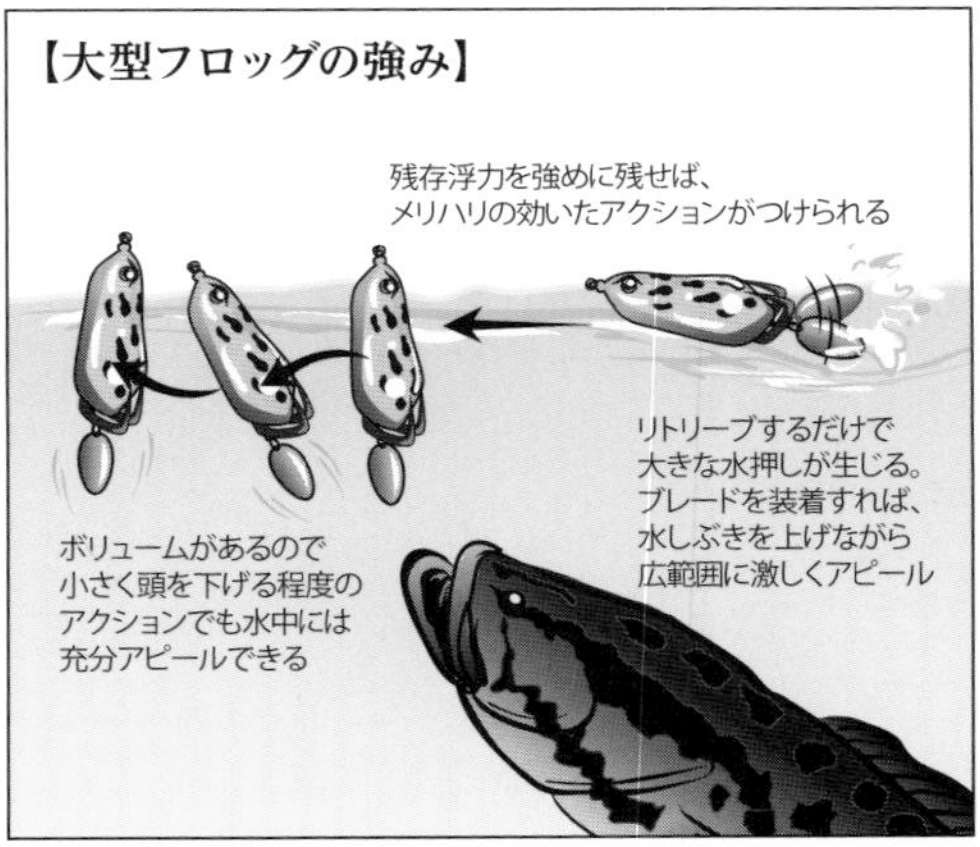
【大型フロッグの強み】
残存浮力を強めに残せば、
メリハリの効いたアクションがつけられる
リトリーブするだけで
大きな水押しが生じる。
ブレードを装着すれば、
水しぶきを上げながら
広範囲に激しくアピール
ボリュームがあるので
小さく頭を下げる程度の
アクションでも水中には
充分アピールできる

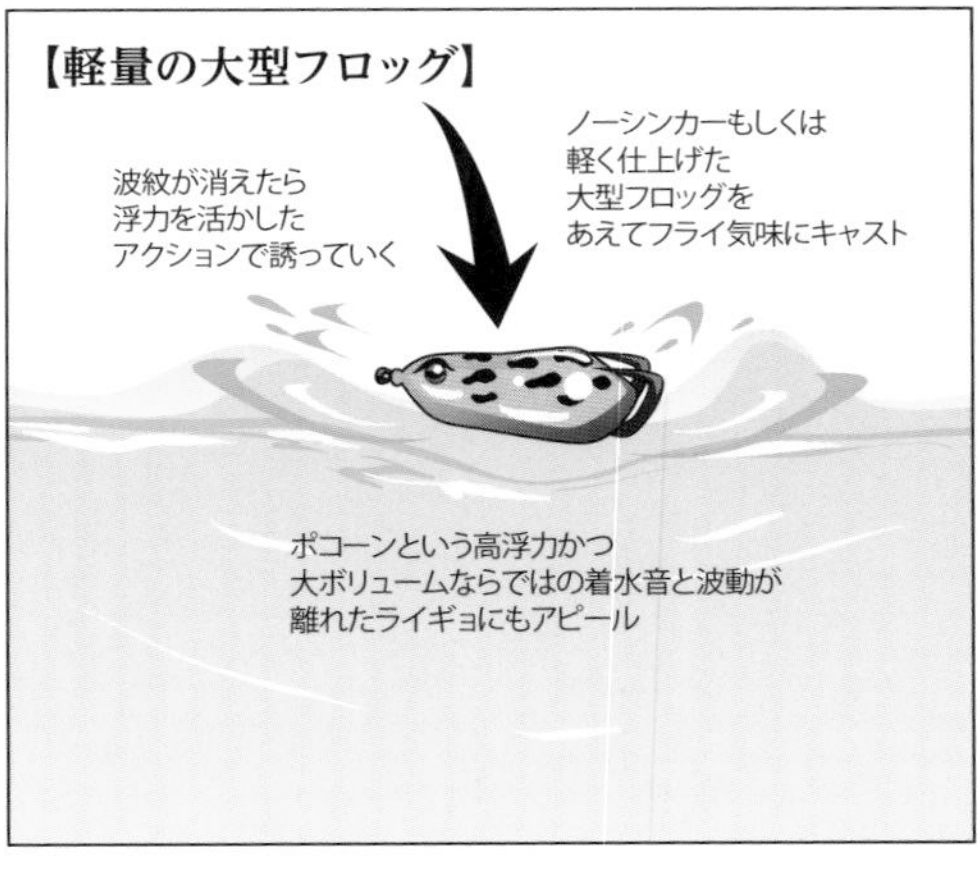
【軽量の大型フロッグ】
ノーシンカーもしくは
軽く仕上げた
大型フロッグを
あえてフライ気味にキャスト
波紋が消えたら
浮力を活かした
アクションで誘っていく
ポコーンという高浮力かつ
大ボリュームならではの着水音と波動が
離れたライギョにもアピール

ライギョを寄せるポッパー

ヘッド部にカップを設けたポッパーは、軽くティップで弾くようにアクションをつけるとカップが水を受けて、カポカポと音を立てながら手前に寄ってくる。水飛沫や泡も誘いのエッセンスになる。広範囲からライギョを寄せる力はフロッグの中では断トツだ。

基本アクションはポッピング。軽くロッドで弾くようにフロッグを20～30㎝ずつ動かす。浮き角度次第では、ペンシル系と同様にスラックを利用して細かくロッドをトゥイッチすることで左右に首を振らせることもできる。

ポッパーにもアトラクターは有効だが、特に使いたいのがファー。カップで受けた水が反転流となってフロッグ周りにヨレが生じる。そのヨレにファーが馴染んでたなびくのだ。このポッパーでしか表現できないファーの動きに、スレたライギョも口を使ってくる可能性が高い。この反転流はフロッグをおじぎさせる程度の軽いアクションでも充分発生するので、手前に寄せないよう一点で粘りたい場面で有効だ。

ポッパーの欠点は、カップでブレーキを掛けながら釣るので、どうしてもテンポが遅くなること。キャストを失敗して急いで回収する場合でも、水面で暴れて場所を荒らしてしまうので静かに釣ることを心がける。

◆　◆

ライギョ釣りはフロッグオンリー。しかし、以上のことからも分かる通り驚くほどバリエーションに富んでいる。まずは数個購入してみよう。より愛着がわくので、自分の好みのデザインで選べばよい。それらのフロッグに命を吹き込んで、いざフィールドに繰り出そう。

■インパクト抜群のポッパー

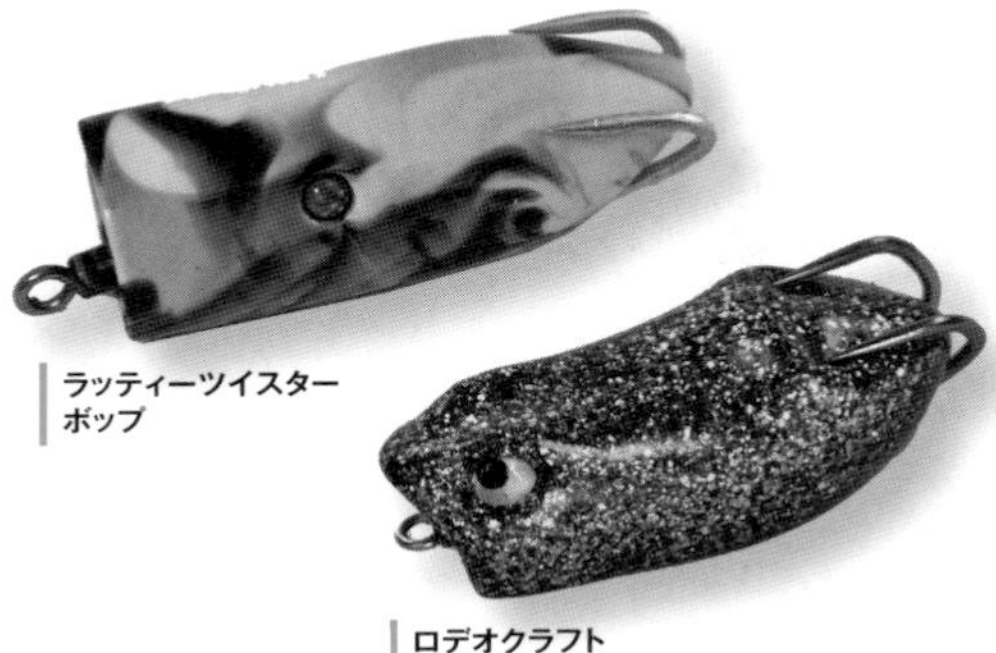

ラッティーツイスターポップ

ロデオクラフト Cポップ

【ポッパーの基本的な使い方】

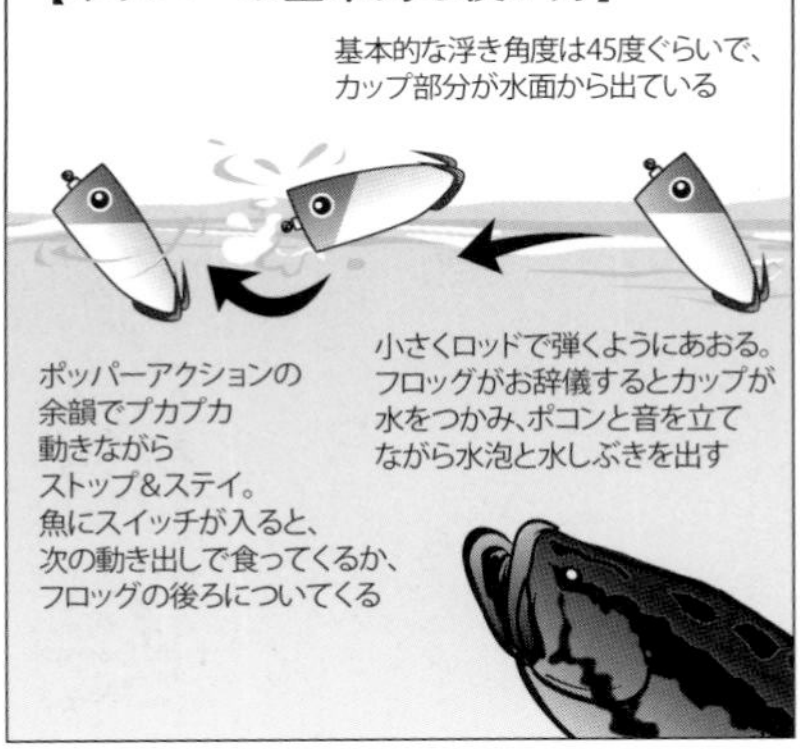
基本的な浮き角度は45度ぐらいで、カップ部分が水面から出ている
小さくロッドで弾くようにあおる。フロッグがお辞儀するとカップが水をつかみ、ポコンと音を立てながら水泡と水しぶきを出す
ポッパーアクションの余韻でプカプカ動きながらストップ&ステイ。魚にスイッチが入ると、次の動き出しで食ってくるか、フロッグの後ろについてくる

フロッグチューニング概要

パッケージからフロッグを取り出したら、好みに合わせたチューニングを施す。これが楽しい。

ライギョとの接点になるフロッグだけに、フィールドでの酷使に耐えるスペックに仕上げなければならない

チューニングが大前提

ライギョ釣りに使うフロッグの多くは、未完成の状態で市販されている。なぜなら、跨げるような狭い水路から広大な天然湖、ウキクサひとつないオープンウォーターからハスのジャングルにいたるまで、どんなロケーションであっても、ライギョ釣りに使うルアーはフロッグに限定されているからだ。当然ながら1個のフロッグで、すべてのフィールドを賄えるものではない。そこで自分好みのスタイルやフィールドに合わせたチューニングを施す。最後の仕上げはアングラーの手に委ねられているのだ。たとえ同じフロッグでも、チューニングする人が変わればまったくの別物として仕上げられる。愛用しているフロッグを水面に浮かせれば、どのようなスタイルを好むアングラーなのか一目瞭然なのだ。

このチューニングの作業は、ライギョ釣りを楽しむうえで欠かせないイベントのひとつ。シーズンが開幕する前にフロッグをチューニングして気分を盛り上げるアングラーも多い。

完成品が売られている場合もあるが、ルアークラフト的な楽しみを放棄するのは実にもったいない。このフロッグチューニングが楽しくて、すでに充分な数のフロッグを保有しているにもかかわらず、シーズンが訪れるたびにいくつもフロッグを作ってしまうのである。

ソフトマテリアルだけにフロッグの

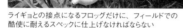

シンプルなオープンウォーターから複合カバーに覆われたフィールドまでロケーションはさまざま。その場所にマッチしたフロッグを使うこと

チューニングは簡単だ。特別な工具を用意してパーツを自作しなくても、現在はチューニング用のアイテムも充実している。まずは市販パーツを利用しながら自分なりに工夫してチューニングすればよい。試行錯誤して完成させたフロッグでライギョをキャッチしたら、もうライギョ釣りの虜になっているに違いない。

改造の目的あれこれ

チューニングの項目は、大まかに次の通り。

▼アイの強化／ファイト中にフロント部のラインアイやフックアイが開くと、ラインブレイクと同様にライギョの口腔内にフロッグを残すことになる。そこでファイト中にアイが開かないよう、PEラインを巻いて瞬間接着剤で固定し、フロントアイの長さに応じて必要であればゴムチューブなどを被せる。ラインアイに関してはロウ付け済みのフロッグが主流。

▼バーブレスフックへの交換もしくはバーブレス化／多くのフロッグは最初からバーブレスフックが標準装備されているが、バス用など一部のフロッグにはフックにバーブが付いている。ボディーに合うバーブレスフックに交換するか、バーブをペンチで潰してからヤスリで削ってバーブレス仕様にする。

▼ウエイトの調整／重さとバランスの調整。フロッグの性格を決定づける部分であり、使う場面を考えながら調整する。アングラーの意思が感じられるチューニングのキモ。

▼シーリング／フロッグが沈まないよ

【フロッグの構造】

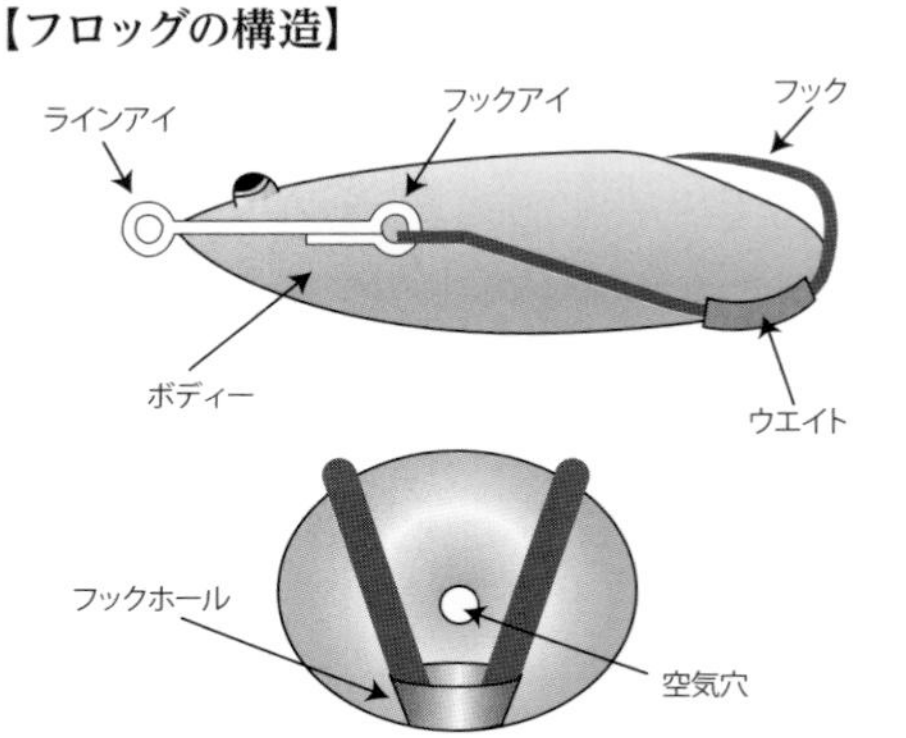
ラインアイ
フックアイ
フック
ボディー
ウエイト
フックホール
空気穴

うに中空ボディの各ホールに浸水防止の処理を施す。

▼アトラクターの装着／好みに応じてダンゴにブレードやファーを取り付ける。

以上の項目をすべて完了して、初めてフロッグをフィールドでキャストすることができるのだ。

ウエイト調整が肝要

チューニングでアングラーが特別に気を使っている部分がウエイトの調整だ。絶妙なバランスで仕上げることができたフロッグはアタックの回数も圧倒的に多く、とっておきの場面で取り出す切り札になる。フロッグの重さと浮き角度にこだわって、自分のスタイルに合ったフロッグを作りたい。

重さの調整は、付属しているオモリを削ったり、取り外して好みの重さにカットした板オモリや糸オモリを巻くというもの。重く仕上げればフロッグの遠投性がアップして、ヘビーカバーでの安定感も増す。風にも流されにくい。軽くすれば遠投こそできないもののフロッグの操作性が飛躍的に向上するので、オープンやライトカバーでアップテンポな釣りが展開できる。軽いほど着水音も小さくなるので、場所を荒らさないよう静かに釣りたいときに有効だ。

バス用のフロッグもアイを強化してライギョ専用のバーブレスフックに交換すれば使えるものが多い

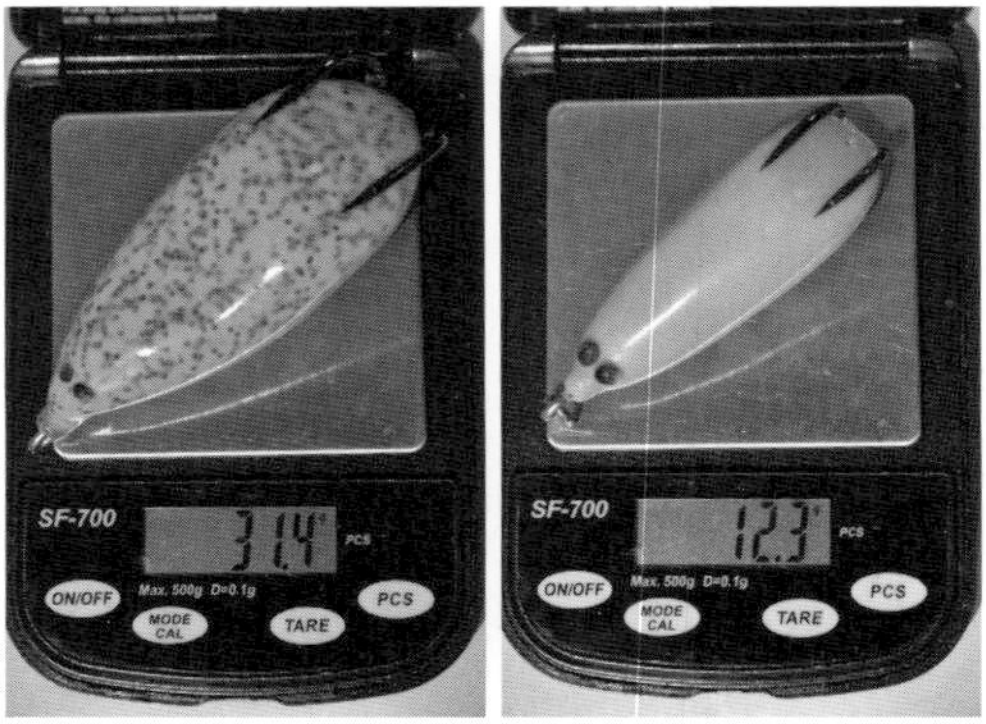

フィールドや釣り方が変われば、使うべきフロッグのウエイトも当然変動する。ショートキャストが主体のオープンクリークでは右のフロッグのように軽め、ヘビーカバーでは左のような重めを使う。カバー次第では 50g近いフロッグを使うことも

ファイト中にアイが開くようなことがあってはならない。確実にフックオフするためにも、しっかりチューニングを施して、掛けた魚は取り込む

さらにウエイトの位置に応じてフロッグの浮き角度が変わる。後方バランスの縦浮き仕様に仕上げれば、ヒシのポケットやエッジをピンポイントでねらいたい場面で、移動距離を抑えつつ細かいアクションを加えることが可能になる。スローに誘って食わせる釣りに向いている。徐々に寝かせていくとキビキビしたドッグウォーク、そしてダイナミックなスケーティングへとアクションが変化。クリークなどを歩きながら手早くチェックしていく展開の早い釣りに威力を発揮する。

　また、フロントアイに小さなウエイトを仕込むと、軽く弾くたびに不安定にバランスを崩してダイブするようになる。この不規則な動きは、食い気の薄いライギョにスイッチ入れやすいとされる。

　アトラクターを付けていないダンゴの状態で、地域ごとのエキスパートが愛用しているフロッグを計量したら、10〜30gとその重さに大きな幅があった。浮き角度もさまざま。まさしく使い手とフィールドに合わせてフロッグは改造されているのである。参考までにカバーゲームがメインとなる地域では20〜30gが一般的で、細かく誘える縦浮き仕様が多かった。逆にハイプレッシャーのフィールドやオープンが占めるエリアで使うフロッグは10〜20gと軽めで、アクション重視の横浮き仕様が目立った。そっと薄いカバーの上に乗せる超近距離戦用に10gを切るノーシンカーフロッグを作っていたエキスパートもいる。

　フロッグは、オモリの調整ひとつで驚くほど表情を変える。実に奥が深い部分だ。最初はパッケージに入っているオモリを使い、位置を変える程度の調整から始めればよい。そして少しずつ慣れてきたらデジタルはかりや観察用のアクリル水槽を用意して、オモリを微調整しながら精度を出していこう。

ウエイトをセンター寄りに配置した水平浮きのフロッグ。大きなスライディングアクションでライギョの反射食いを誘う。踏ん張りが利かないので風にラインが取られると水面を滑ってしまう

ウエイトを後方にセットすることで縦気味の浮き角度に。水面に対して45度が基本。キビキビとしたアクションをこなし、しっかり止まる。フィールドを選ばない汎用性が魅力。さらにウエイトを追加すれば垂直に立つ

フロッグチューニング手順

ルアービルダー気分が味わえるフロッグチューニング。ここからライギョ釣りは始まっている。

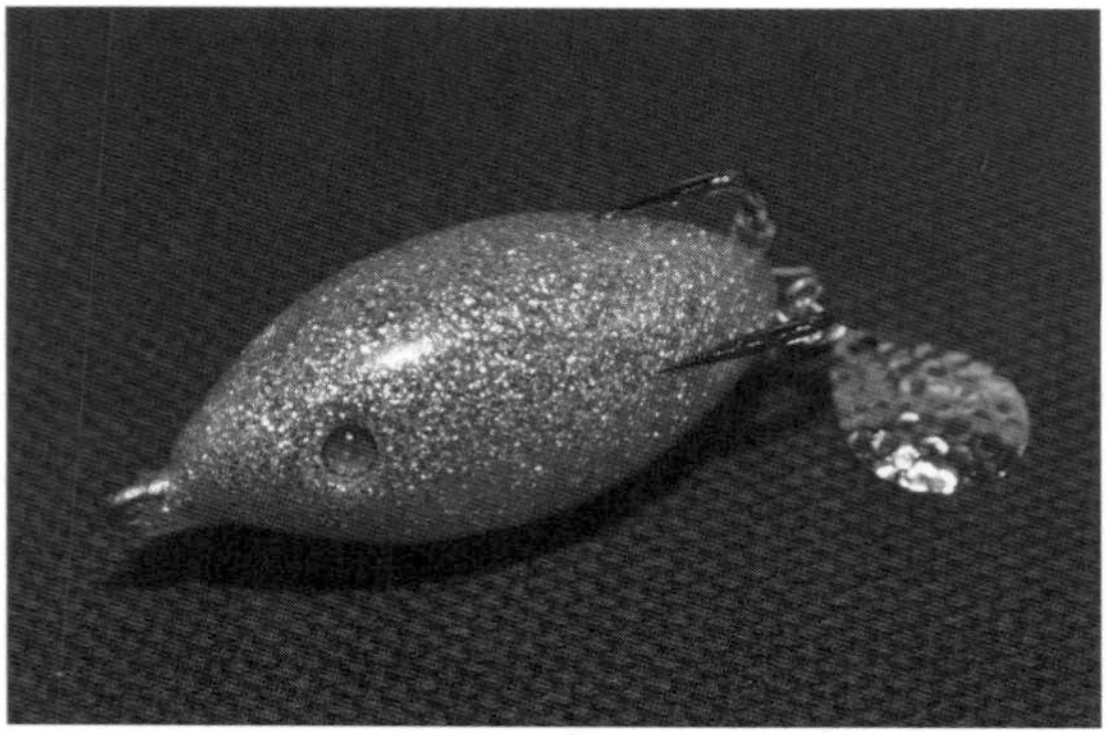

いよいよライギョ釣り最初の山場フロッグチューニング。気になるフロッグに命を吹き込む作業には、時間が経つもの忘れるはず

先にも述べたようにライギョ釣りに用いるフロッグは基本的にチューニングする必要がある。いずれのフロッグもチューニングの工程は共通しているので、気に入ったデザインのフロッグで挑戦してみほしい。なお、工具以外のアイテムは、ライギョ釣りに詳しい各地のプロショップで手に入るはずだ。完成したフロッグは世界に1個しかないオンリーワン。愛着もわいて、一層ライギョ釣りが楽しくなる。

●用意するもの／フロッグ（ラッティーツイスターのセサミを使用）、アトラクター（ブレード&ブレードクリップ着脱式）、シーリング剤、硬化促進剤（プライマースプレー）、瞬間接着剤、スレッド（細号柄のPEラインでも可）&ボビンホルダー、熱収縮チューブ、シリコンチューブ（ウキゴム）、ライター、ニードル、ラジオペンチ、スプリットリングプライヤー、アイ抜きスティック、ハサミ、爪楊枝

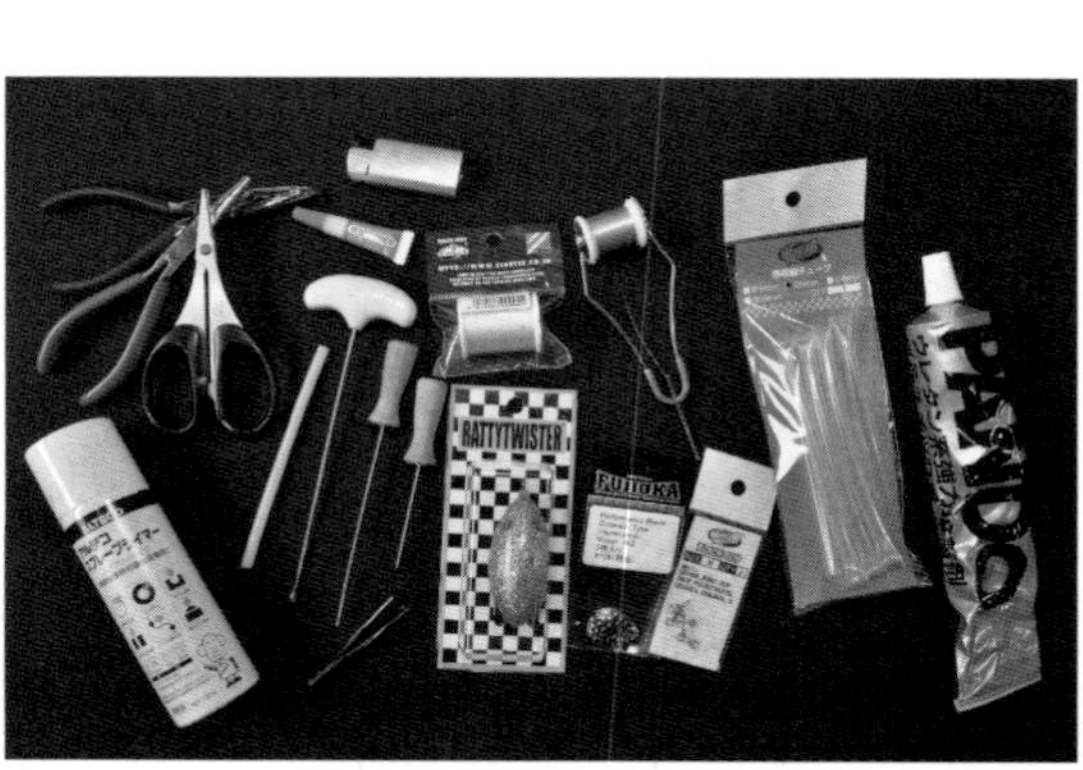

フロッグチューニングに必要なアイテム。この他にも使えるツールは山ほどあるので、自分で調べて少しずつ揃えていこう

手順1　ウエイトの位置決め

まずはフロッグのバランスを調整する。ボディーを裂かないよう慎重にフックとアイを引き抜いたら、浮き角度をイメージしながらフックに巻いてある鉛のウエイトを後方にズラす。場所を決めたらラジオペンチでかしめる。しっかりかしめたらウエイトより前後にやや大きくカットした収縮チューブを被せてライターであぶる。

アイを抜くときはフロッグの口が裂けないよう慎重に。お湯でボディーを温めておく、もしくはアイ部分を少し水で濡らしておくとスムーズに抜ける

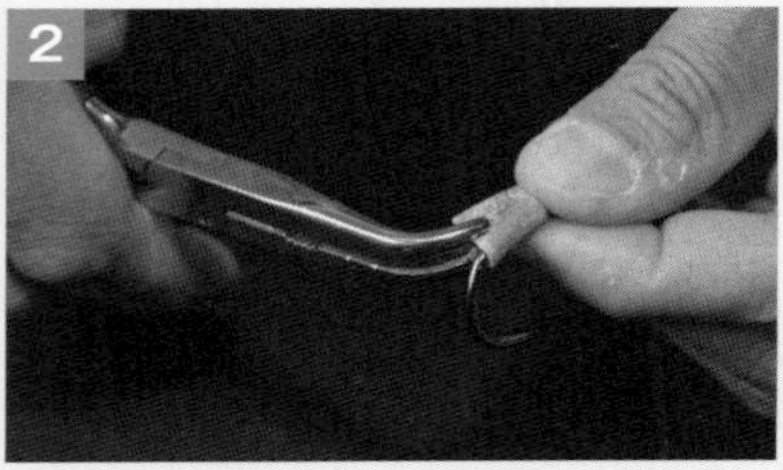

ウエイトの位置でフロッグのアクションが大きく変わる。違う板オモリに交換したりノーシンカーなど、パターンはいろいろ

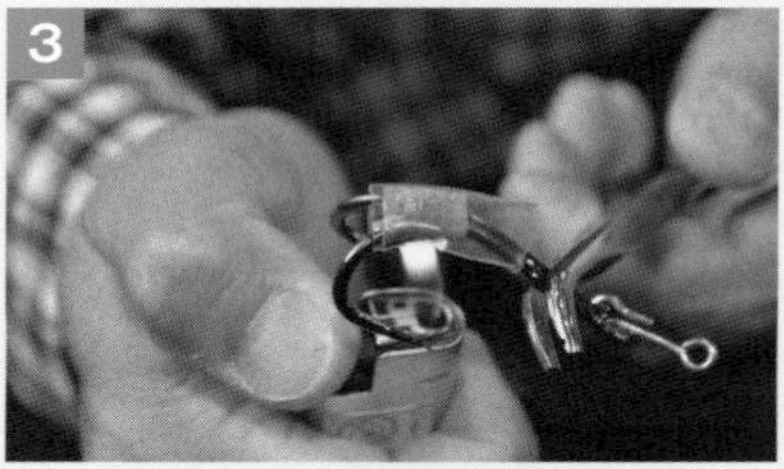

熱収縮チューブを被せてライターもしくはヒートガン、ドライヤーであぶった時点で、ほぼウエイトは固定される

手順2　ウエイトの完全固定

新たにカットした収縮チューブをフックに被せて再びライターであぶる。この部分がつっかえ棒の役割を果たして、ウエイトの手前へのズレを防止する。収縮チューブの長さは、フックの丸みのある部分にかかる程度の位置からウエイトに少し被るまでが目安。

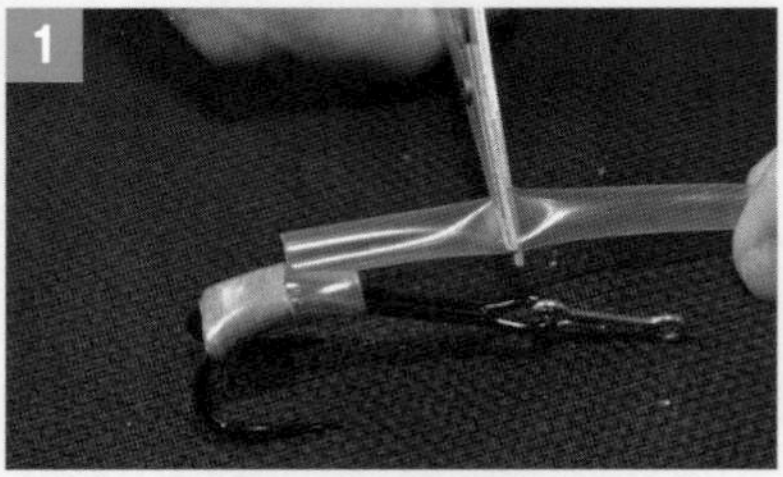

熱収縮チューブをフックに沿わせて、ウエイトに被る長さでカットする

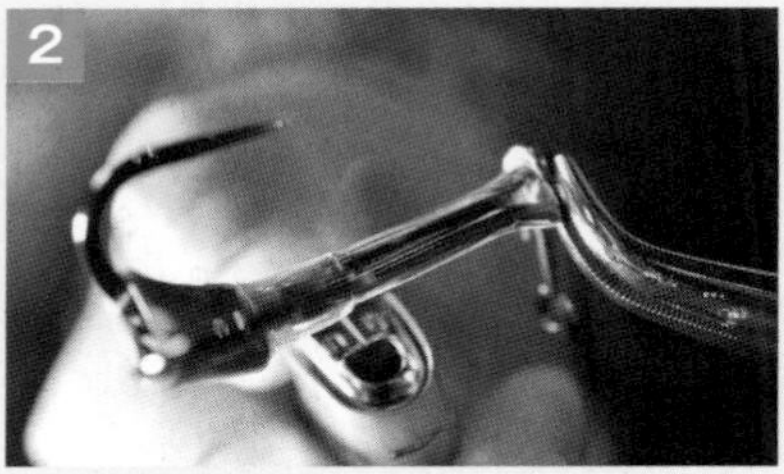

ウエイトの端にチューブを重ねて、ライターであぶる

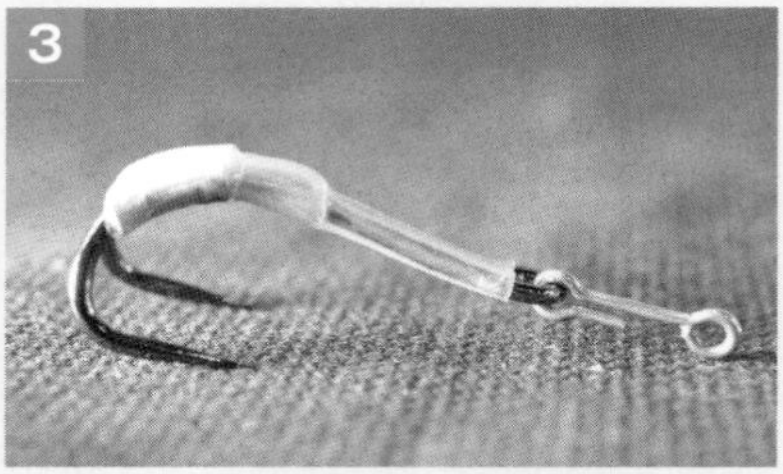

ウエイトの完全固定が完了。ライギョの強烈なアタックやファイトでは壊れることはない。手前にウエイトがズレる心配もない

手順3　フックアイの強化　その1

大きな負荷が掛かってもアイが開かないようにスレッドやPEラインを巻く。アイを強化しないまま使用するとライギョのやり取りの最中に開いてしまう可能性がある。フロッグを口に残すことは絶対に避けなければならないので、この工程は必須。中にはロウ付けするエキスパートも。

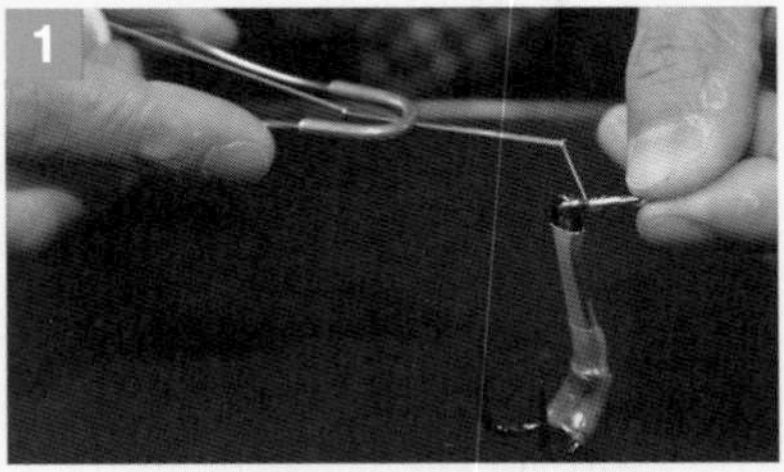
ボビンホルダーにセットしたスレッドをフックアイの下部に結んで締め込み、下から上に巻いていく。ラインアイの付け根まで巻いたら折り返して下に巻いていく

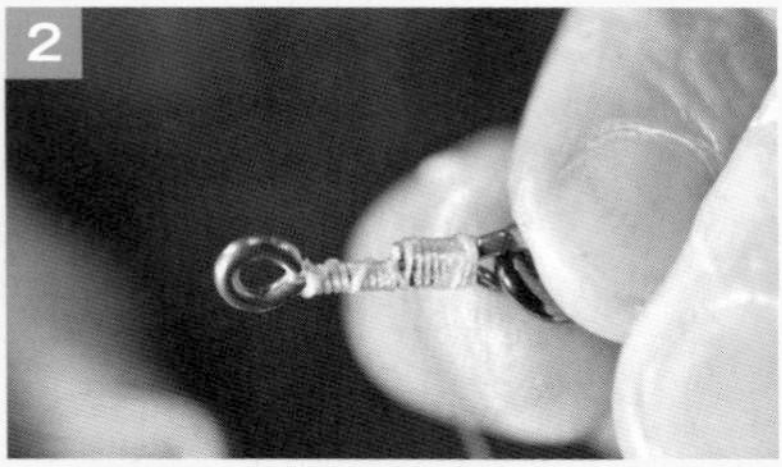
巻き方が粗くならないようキレイに均一に巻いていく。巻きのバランスが悪いと、一点に負荷が掛かって破損につながることもある

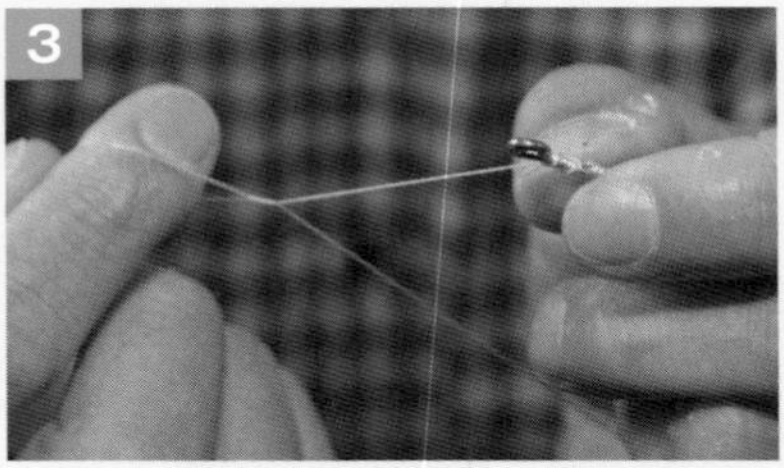
折り返して二重に巻いたら、ハーフヒッチで結んでカット。ほどけないようスレッドの端をライターであぶってコブを作っておく

手順4　フックアイの強化　その2

アイに巻いたスレッドに瞬間接着剤を染み込ませて、硬化促進剤のプライマースプレーを吹き付ける。なお、スレッドの芯まで接着剤を浸透させるために必ず液状タイプを使用すること。ゼリー状タイプは不可。

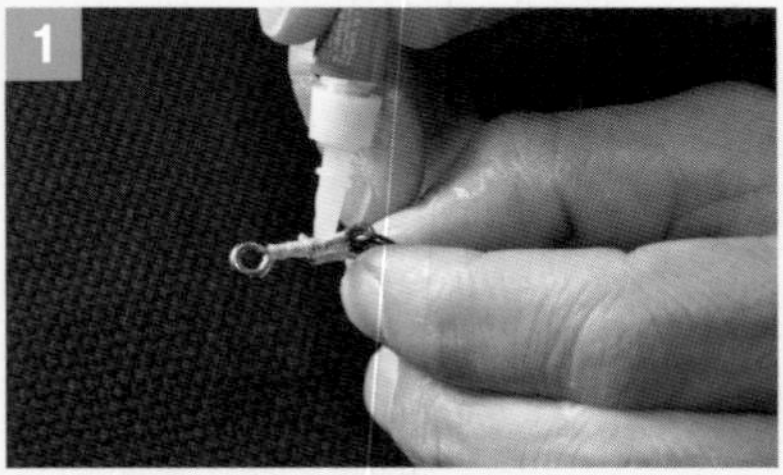
瞬間接着剤をスレッドに染み込ませる。大量に塗っても効果は変わらないので、スレッドから垂れない程度で充分

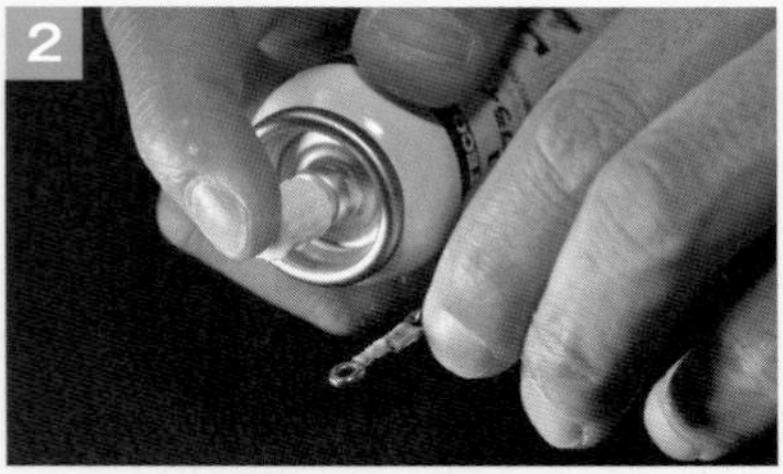
硬化促進剤を塗布すると、化学反応を起こして一瞬で硬化する。硬度もアップする

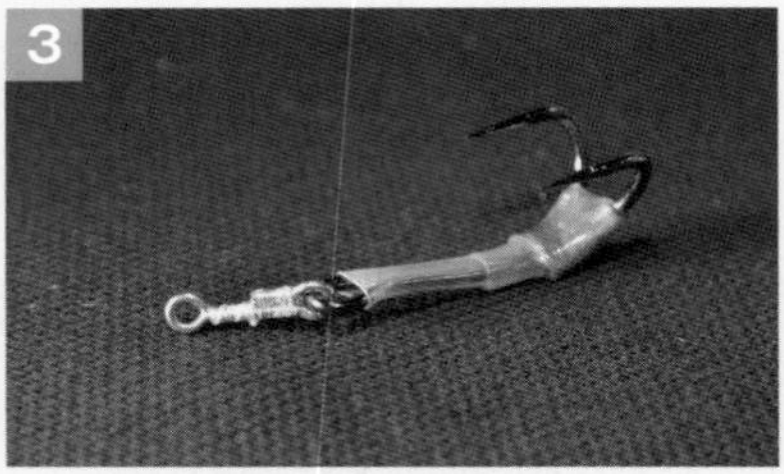
ウエイトの固定とアイの強化が完了

手順5　ボディーのズレを防止する処理

フッキングの瞬間にライギョの口内でフロッグのボディーがズレないように処理を施す。アイのスレッド部分に適度な長さにカットしたシリコンゴムを被せ、ズレないように瞬間接着剤を垂らしてプライマースプレーで硬化。さらに熱収縮チューブを被せてライターであぶる。アイの補強も兼ねている。

1
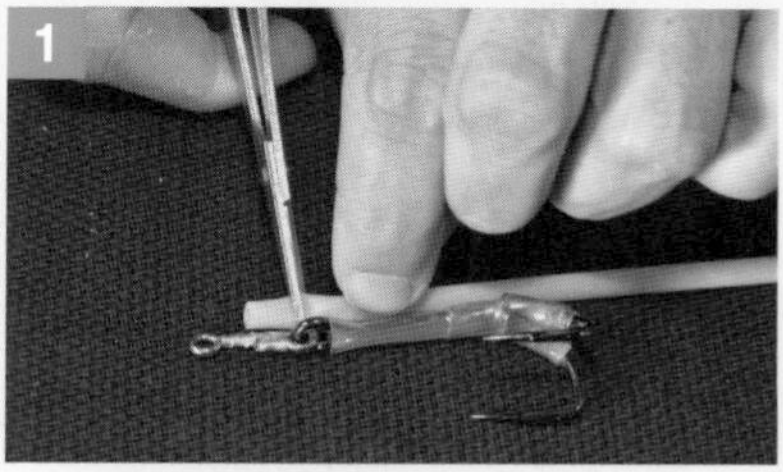
アイの強化部分にシリコンゴムのチューブを沿わせて適度な長さでカット。スレッド部分に被せる

2
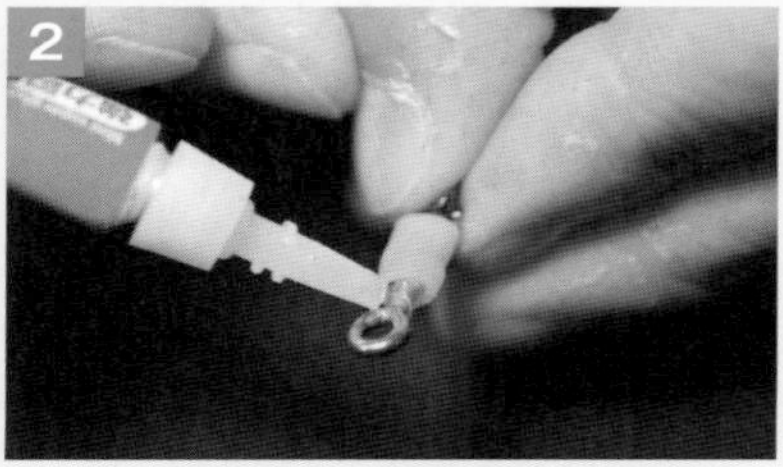
シリコンゴムの隙間に瞬間接着剤を行き渡らせ、プライマースプレーを吹き付けて硬化させる

3
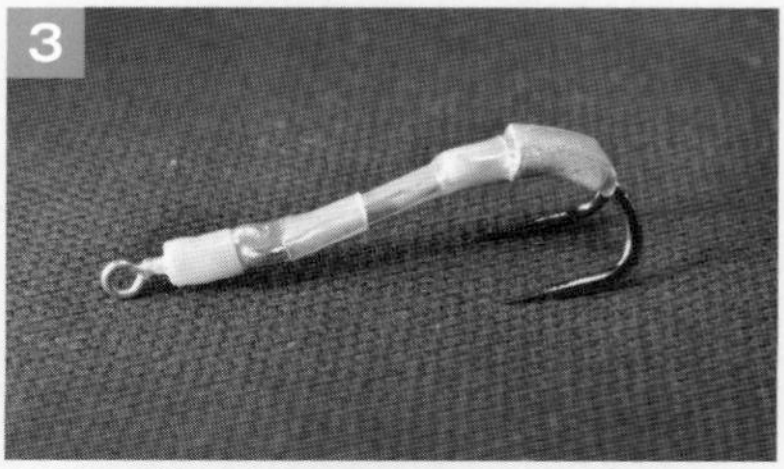
シリコンゴムの上からフックのシャンク部分にかかるまで熱収縮チューブを被せ、ライターであぶってフックアイとフックを一体化させる

手順6　浸水防止のスレッド巻き

強化したフックアイをフロッグのボディーに戻したら、水の侵入とボディーのズレを防ぐために、フロッグの口に細めのスレッドを巻きつける。あまり強く巻きつけるとボディーの口が切れてしまうので力加減に注意。ボディーと同色のスレッドを使うと見栄えがよい。

1
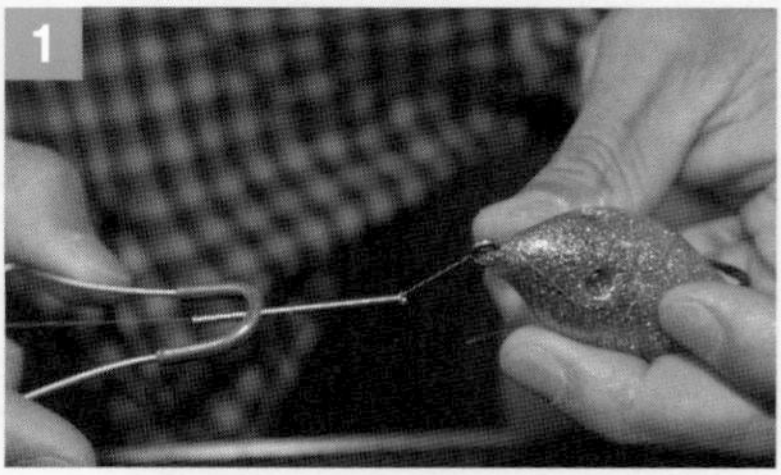
スレッドを巻く際は、フロッグをつまむ指で同時にスレッドの端を押さえておくとスムーズ

2
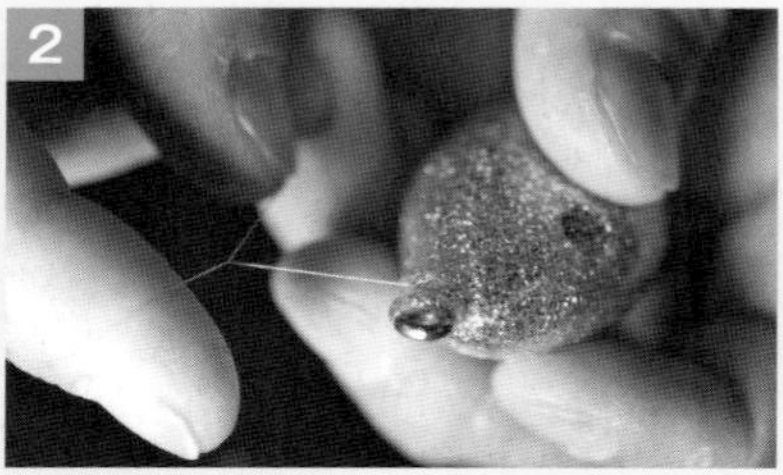
適当に巻きつけたらハーフヒッチでフィニッシュ。最後に軽く締め込めば、結び目がスレッドの下に潜り込む

3

結び目をカットしたらライターで端をあぶってコブを作って完了。ボディーの下側で処理しておくと目立たない

手順７　空気穴の作成とフックの仮留め

ライギョがフロッグをくわえたときにボディー内からスムーズに空気が抜ける穴を開ける。ライターで熱したニードルをフロッグの尻に当てて差し込むだけ。なお、尻に開けるのが一般的だが、浸水しなければどこに開けても問題ない。さらにフックの位置を決めて、瞬間接着剤で仮留めしておく。

1
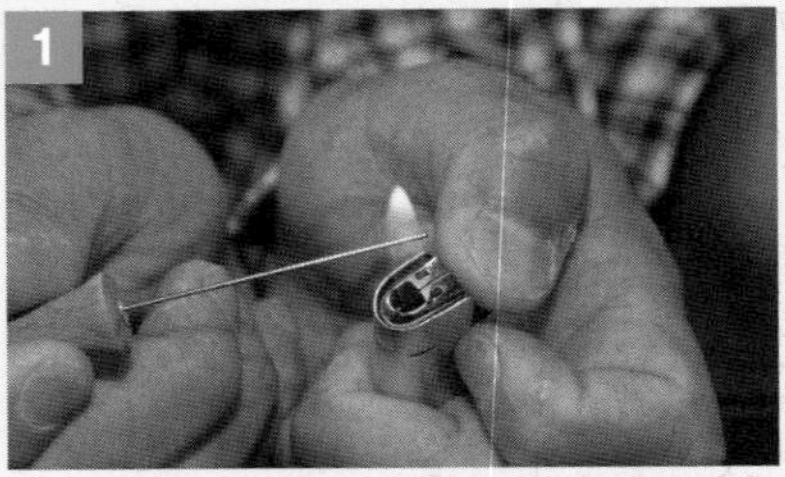
空気穴を開けておかないと、ライギョがフロッグをくわえてもボディーが潰れずハリ先が出ない。ニードルの先が真っ赤になるまで熱する

2
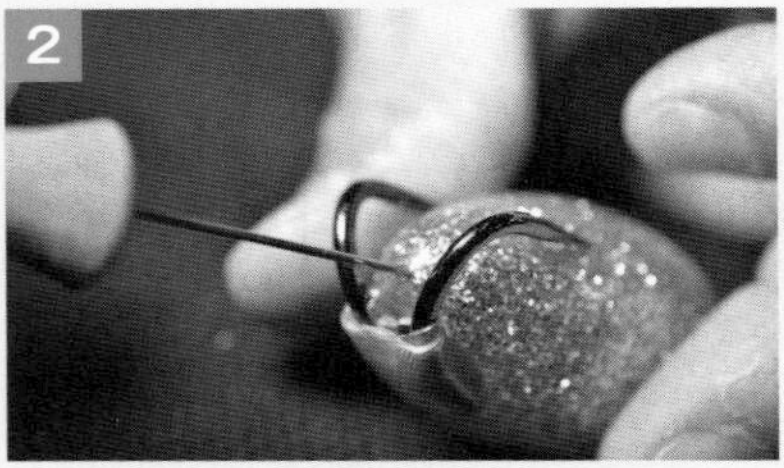
熱したニードルの先をフロッグの尻にあてがって素早く押し込む。それほど大きな穴を開ける必要はない

3
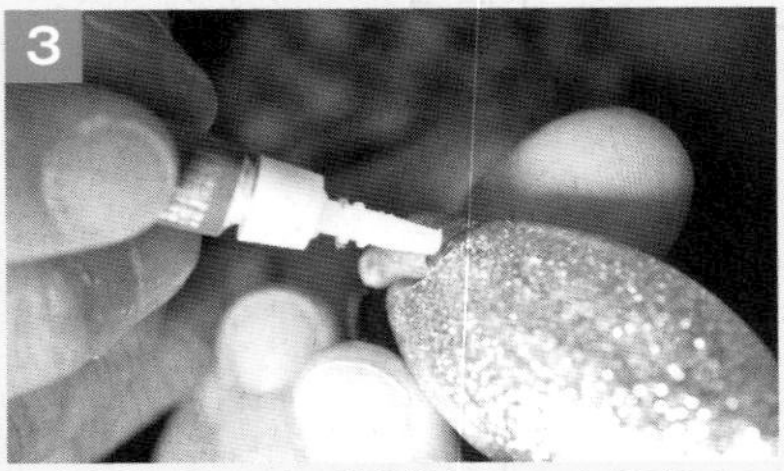
浸水防止のシーリング作業中にフックがズレないよう瞬間接着剤でボディーに仮留めしておく

手順８　シーリング加工

フロッグチューニングのクライマックスともいうべき工程。フックホールの隙間をシーリング剤で埋め、ボディー内に浸水しないように処理を施す。一度塗りでは被膜が薄いので、最低でも３回は重ね塗りする。最大の秘訣は焦らないこと。乾いたらダンゴの完成。

1
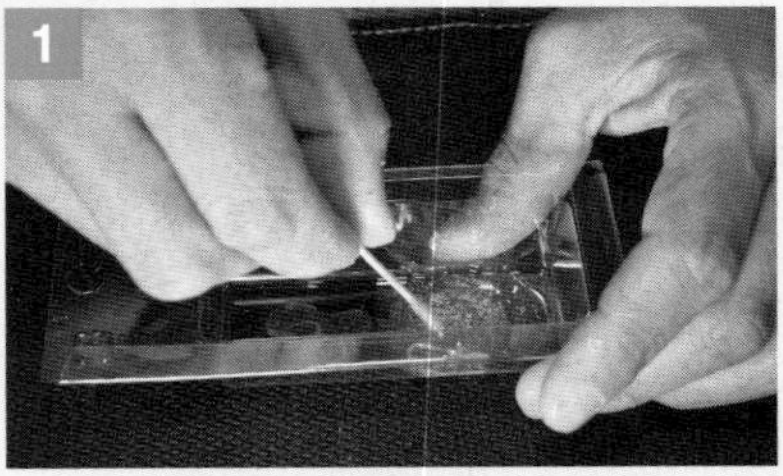
シーリング剤をフロッグのパッケージに出して、空気を含ませるように爪楊枝で練り込む。5分ほど置いて再び練り込むと粘度が増して塗りやすくなる

2

フロッグの口部分に巻いたスレッドの上からシーリング剤を塗布する。ラインアイが出ている口の周りにも塗って、シーリング処理をしておく

3

フックホールをシーリング剤で埋めていく。確実に埋めることが重要で、乾かしながら薄く何度も重ね塗りするとキレイに仕上がる

手順９　アトラクターのセット

ダンゴの状態で使う場面も多いフロッグだが、スイベルを介してブレードやラビットファーなどのアトラクターを装着することで釣り方のバリエーションが増える。４号程度の細いＰＥラインをスイベルに通してコマ結びで固定。ダブルフックにラインを回してコマ結びで締め込み、端をライターであぶってコブにする方法が一般的。現在はブレードクリップなど、ワンタッチでアトラクターが装着できるアイテムがいくつも市販されている。

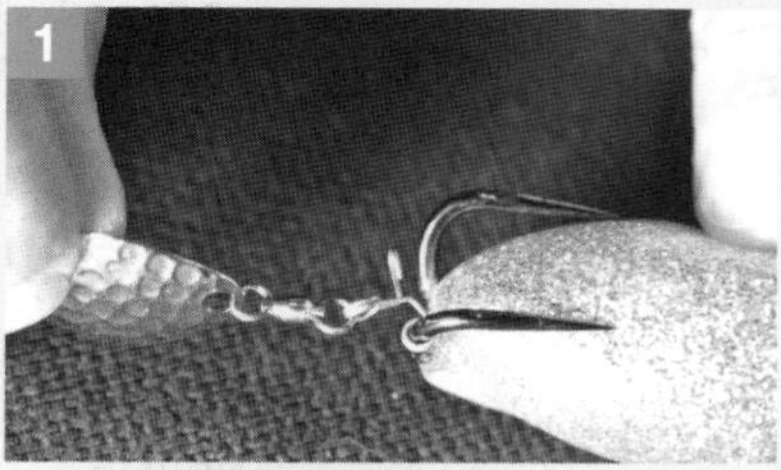

ブレードクリップの片方をフックに通してウエイトの近くまで押し込む

逆側をスプリットリングプライヤーで引っ張り、もう一方のフックに引っ掛ける

クリップがズレないようフックにゴム管を差し込んで固定完了。好みのアトラクターをセットする

完　成

シーリングが完全に乾いたら観察用アクリル水槽などに浮かべて浮き姿勢をチェックする。イメージに近い角度で浮いていれば成功だ。ここで見落としがちなのが正面から見た姿勢。左右のどちらかに傾いていることが多いので、完全に硬化する前に修正しておきたい。上から新たにシーリング剤を塗ってしばらく置いておくと柔らかくなるので微調整する。

フロッグは最低でも縦浮き、斜め浮き、水平浮きの３個は作っておきたいところだ。これにアトラクターのバリエーションを加えて、さらには形状やボリュームの異なるフロッグを追加。回数を重ねるうちにチューニング技術も向上して、見る間にフロッグのクオリティーが上がっていくに違いない。気づく頃にはタックルバッグがフロッグであふれかえっているはず。それがまた嬉しく感じるのもライギョ釣りならではの楽しみ方である。どんどん増やしていこう。

フロッグは立ち姿勢になるほど水押しが強くなり、動きこそ単調になるが、短い移動距離でも大きな波動を生む。寝かせていくにしたがって制動距離は長くなり、ライギョにスイッチを入れやすいドッグウォーク、そしてスケーティングへとアクションが変化する。自分のチューニング次第でフロッグは大きく役割を変える。フロッグチューニングは実に奥が深い。試行錯誤しながら至高のフロッグを完成させよう

フロッグに欠かせないブレード

使用頻度の高いブレードチューンのフロッグ。ブレードのさまざまな要素がライギョを魅了する。

ブレードの出番は多い。激浅クリークを手早くチェックしていくなら、軽めに仕上げたブレードチューンのフロッグが最も効率的といえよう。スピーディーな釣りでライギョにスイッチを入れていく

浮き姿勢で用途に違い

フロッグに装着する最もオーソドックスで釣り人の好みが出るアトラクターが「ブレード」だ。ブレードはあらゆるルアー釣りに取り入れられ、その有効性は知られるところだが、それはライギョ釣りにも同じことがいえる。

広範囲を手早くチェックできるの

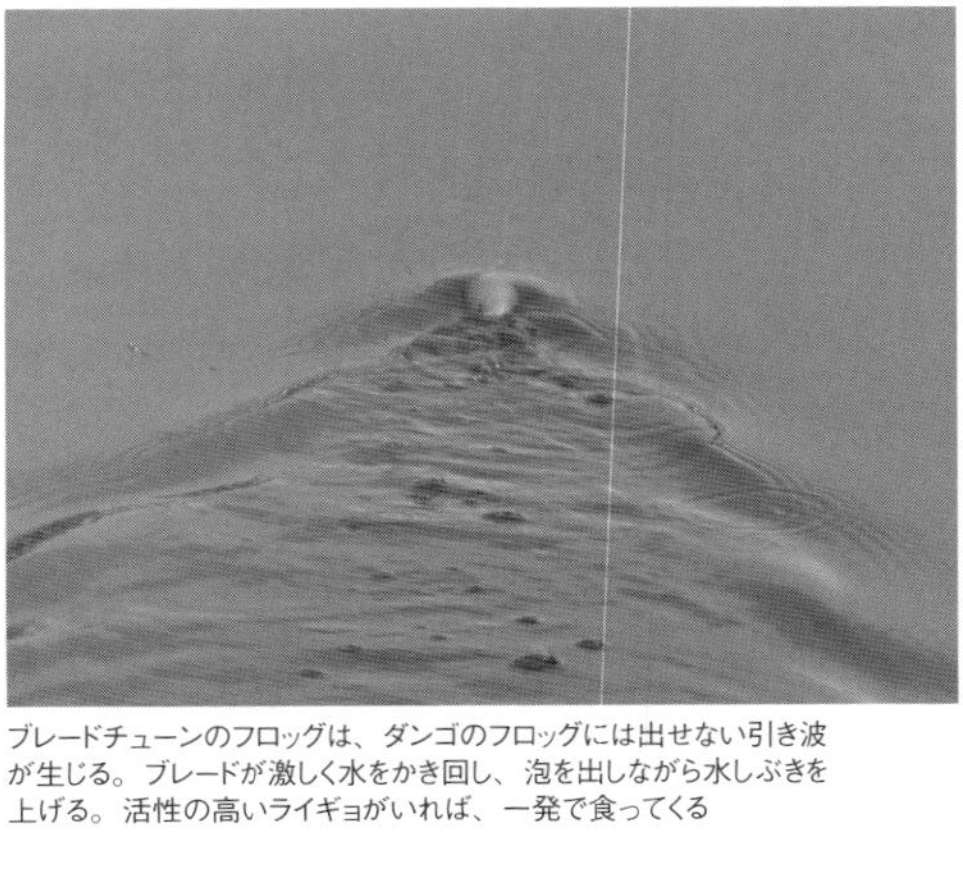

ブレードチューンのフロッグは、ダンゴのフロッグには出せない引き波が生じる。ブレードが激しく水をかき回し、泡を出しながら水しぶきを上げる。活性の高いライギョがいれば、一発で食ってくる

で、ライギョの反応を見たい朝イチにブレードの付いたフロッグを使うアングラーは多い。ブレードは使用頻度が非常に高く、ダンゴではアタックに持ち込めなかったスレ気味のライギョにスイッチを入れるなど、さまざまな使い方がある（もちろん逆のケースもある）。ブレードの回転が生み出す波動と引き波はもちろん、水しぶきや艶っぽいベイトライクなフラッシング、そしてブレードとフックが当たって生じる金属音など、さまざまな要因が絡まりあってライギョを狂わせる。

ブレードは真鍮をメッキ加工したものが定番。そして、ライギョ釣りには軽量のマグネシウム合金やアルミニウム合金のブレードが好まれる。軽いブレードは巻きはじめの立ち上がりが早く、スローリトリーブでもしっかり回転して柔らかい水飛沫と音を発生させる。フロッグの浮き姿勢を大きく変えずに済むことも人気の理由だ。逆にあえて浮力を強めに残した水平浮きのフロッグに真鍮のブレードを取り付けて斜め浮きに仕上げることもできる。同じ斜め浮きのフロッグでも、ライギョのスイッチの入り方が異なり、より派手なアタックを見せてくれる。

ブレードの立ち上がりは、フロッグの浮き姿勢でも変わる。より水平に近い浮き方をしているフロッグのほうが、ブレードが水面に近いので素早く引き波を生じさせる。呼吸撃ちなど1秒の

水が濁っていてライギョの姿が見えないパラビシのフィールドにはブレードチューンのフロッグが効果的だ。効率的にライギョを探すことができる

ブレードはバリエーションに富んでいる。アクションを付けて釣るスタイルには 00 番、巻いて釣るスタイルには 2.5 番が多く使われている

同じフロッグでもブレードの大きさや素材が変わるとライギョの反応が大きく変化する。状況の見極めが重要

残存浮力に余裕を持たせた水平浮きのフロッグにブレードを装着。若干角度がついた状態。ブレードの立ち上がりもよく、浮力の強いボディーのアクションと相まって、広範囲にアピールする引き波が生じる

ブレードを背負った時点で垂直立ちになるよう仕上げ、なおかつ浮力を抑えたフロッグ。ポケットやエッジで細かく動かして、ブレードのフラッシングで誘う

差が明暗を分けるようなサイトゲームでは、特に素早い立ち上がりが重要だ。そして、垂直立ちしたフロッグのブレードは、カバーにできた僅かな隙間に入り込んで水面下でゆらめく。

バリエーションは豊か

ブレードは丸型のコロラドと葉っぱ型のウィローリーフの2タイプに大きく分けられるが、ライギョには主にコロラドブレードが使われている。ウィローリーフに比べてフラッシングは弱いものの回転で生じる波動が大きい。なお、コロラドブレードのカップの深さによって波動の強弱は変わる。深いカップは波動が弱く、浅くなるほど強くなっていく。

サイズは#00から0、1、2、3といった具合に表記され、数字が大きくなるほどブレードも大きくなる。なお、同じ数字であってもメーカーによって大きさが異なるので注意。あくまで目

ブレードを背負った時点で45度前後の角度で浮くように仕上げたフロッグ。ただ巻きやドッグウォークなど汎用性が広い

大きさの異なるブレードを2枚重ねて使うエキスパートもいる。ブレード同士がぶつかりながら水をかき回す。2枚のカラーや表面加工の異なるブレードを組み合わせるとさらに効果的

安として考えたい。

　ブレードのカラーはシルバー、ゴールド、コパー、クロームが基本。他にもチャートなどのソリッドカラーやクリアコーティングされたカラーブレードもある。バス釣り同様に水がクリアだったり光量の多い時間帯はシルバー、濁っていたり曇天ならゴールドといった使い分けが基本となる。

　表面は鏡面仕様のプレーンと金槌で叩いたような凹凸のあるハンマード、光が反射しないマット仕上げの3タイプ。プレーンはギラっとする強い反射、ハンマードはキラキラと細かく柔らかめの反射。マットは反射しないので回転による波動と水しぶきでアピールしている。フィールドのコンディションやライギョの反応を見ながら、カラーやサイズなどを組み合わせてベストの選択ができれば、おのずとアタックの回数も増えるはずだ。

　なお、ブレードはライギョへのアピール効果の他に、風による横滑りを抑える水中のブレーキ役、アクションを加えた際にフロッグの動きを安定させるアンカー役としての働きもする。

　ちなみにブレードはスイベルを介して中空ボディーの後方から出ているダブルフックの間にセットする。ひと昔前はPEラインを使って結んでいたが、最近は専用のクリップを使ってセットする釣り人が多い。なお、スイベルとブレードの接続には小さなスプリットリングを使用するが、平打ちして強度を増したものが理想だ。開かないようろう付けするアングラーもいる。また、スプリットリングを取り払ってPEラインを結んでリングの代用としているアングラーも多い。

ブレードクリップにウィローリーフタイプのブレードを装着したパターン。金属同士が干渉するカン高い音と柔らかい波動に惑わされるライギョは多い

PEラインを使ってコロラドタイプのブレードを装着するパターン。スイベルとブレードもPEラインで環を作って接続。波動は大きいものの水しぶきは柔らかい

ダブルフックにワンタッチでセットできるブレードクリップは、フィールドで簡単に装着できるので非常に便利

ナチュラルな動きが魅力のファー

フライフィッシングでエサ並みに
釣れると評価されるファーを
フロッグのトレーラーにする。

さまざまなアトラクターやパーツが市販されているので、自分好みにフロッグをカスタマイズできる。そんな愛情を注いだフロッグでライギョをキャッチするのだから喜びもひとしおだ

ステイ中も水中で誘う

ブレードに次いで使用頻度の高いアトラクターが「ファー」。ゾンカーやフェザーとも呼ばれる獣毛の総称で、フライフィッシング用のマテリアルだ。漂わせているだけでエサ並みに釣れるといわれるほどベイトライクな動きでトラウトやマスを誘う。

フロッグのアトラクターとして用いるのはボリュームのあるウサギの毛が主流。特徴は水流に馴染むナチュラルな動き。乾いた状態ではごわついているものの、水に浸すと艶めかしく水流を捉えて揺れ動く。これをトレーラーとしてフロッグのリアにセットする。

取り付けは、あらかじめスナップがセットされているフロッグ用のファーを使えば簡単。装着方法はブレードと同じ。クリップハンガーを使用するか、ファーのスナップを結んだPEラインをダブルフックに回して結び、端

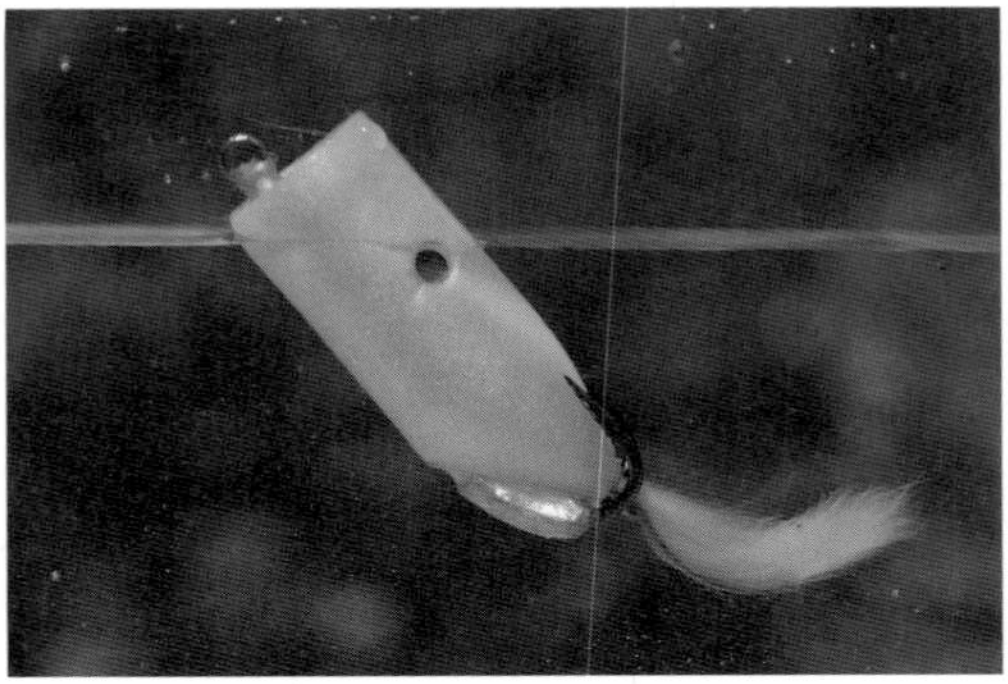

水中の僅かな水流も捉えて艶めかしく漂うファー。カップで水をかき回すポッパーや、アクション重視の浮き姿勢のフロッグに使うと効果抜群

イトをライターであぶってコブを作る。スナップのないファーは、フロッグチューニング用のスレッドを使ってフックに巻きつけたり、ボディーに差し込んで接着剤で固定する。いずれも簡単だ。

フライフィッシングでエサ並みと評価されるだけあり、アクションをつけるフロッグの動きをトレースしながらクネクネと泳ぎ、ライギョの反応もすこぶるよい。フロッグに特別アクションを加えなくても水中でたなびくので、スローかつ静かに釣りたい場面で絶大な威力を発揮する。フロッグを動かすのではなく、ファーを動かすイメージで誘いを入れるのが秘訣だ。

ウサギの毛は柔らかくて水馴染みもよい。ラビットファーと呼ばれる。皮つきの場合は、適当な長さにカットしてセットする

カラーはナチュラルなアイボリー系や白の他にチャートやオレンジが定番で、中にはストライプ柄もある。長さは大半が5㎝程度。幅は細いもので2㎜ほど、太いものでは5㎜を超える。フロッグには3～5㎜幅が一般的だ。

ライギョのリアクションに訴えて釣っていくブレードに対して、ファーはじっくりフロッグを見せつけて食わせる。水中で生じる波動が地味なので、ライギョに与えるプレッシャーは低い。一発勝負になるブレードに対して、2投目そして3投目と、角度を変えてアプローチして食わせることができるのもファーのメリット。

ブレードに反応しながらもミスバイトに終わったときに素早くファーをセットしたフロッグに交換することで、アタックを引き出せることもある。ちなみにファーではバイトに持ち込めず、ブレードやダンゴに切り替えてアタックにつながるケースもあるので、アングラーの的確な状況判断が重要だ。

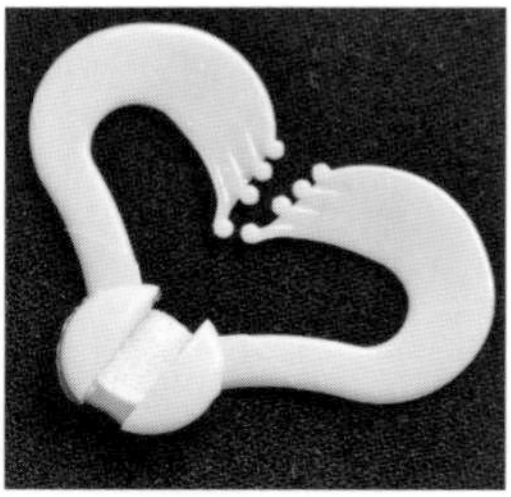

カーリーテールは、ただ巻きするとテールが水中で泳いで程よい引き波を起こす。適度に隙間があるカバーで使ってもおもしろい

他にもシリコンのラバースカートやカエルの脚やオタマジャクシの尾に見立てたゴム素材のカーリーテールなど、アトラクターの種類は豊富だ。いろいろ思いついたら試してみるといい。オリジナリティーのあるフロッグでキャッチした1尾は、また感慨深いものだ。

チューニングの勘どころ

同じモデルを使ってもセッティングを変えれば性格のまったく異なるフロッグができあがる。

チューニング次第でさまざまなフィールドに対応できるのはフロッグならでは

ウエイトとボリューム

フロッグをチューニングする際にアングラーが気を使うべき項目は多い。たとえ同じモデルのフロッグを使ってチューニングしても、作り方を変えれば別物に仕上げることができる。

大きくフロッグの性質を変える項目といえば、チューニングの概要でも触れた「ウエイト」と「浮き角度」だ。この2点はフロッグの操作性や飛距離など、すべてに大きく影響する。

基本的に20gを下回る軽いフロッグに作れば、中～近距離戦やオープン～ライトカバー、20gを超える重いフロッグに仕上げると、遠距離戦やライトカバー～ヘビーカバーで使いやすい。そして、キビキビ動かしたければ斜め浮き、ピンポイントで粘れるフロッグにしたければ縦浮きに仕上げる。ちなみに斜め浮きの軽量フロッグに対するライギョの反応はすこぶるよく、アップテンポな釣りを展開すればアタックも派手になる。水平～45度の角度で浮

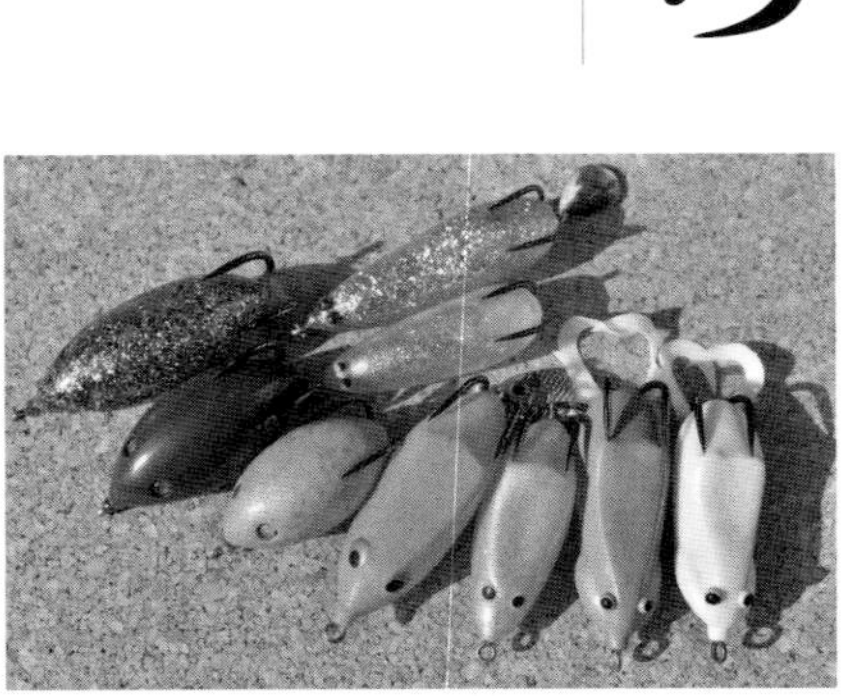

サイズの異なるフロッグたち。ボディー内の空気容量とシルエットが異なることを踏まえて使い分けたい

くフロッグの中から、フィールドに対応できる範囲内で軽いものを選んで使うことがゲームを楽しむポイント。軽いフロッグはアタックの際に弾かれやすいので敬遠するアングラーが多いものの、次々とライギョにスイッチを入れていくゲーム性は抜群。逆に垂直浮きに作ったフロッグはスローに使うと効果的だ。

ウエイトや浮き姿勢と並びで考えたいのがフロッグの「ボリューム」や「シルエット」だ。大きさ違いがラインナップされているフロッグに限定される項目だが、ボリュームのあるフロッグはボディー内の空間が大きいので、チューニングの幅が広くて使いやすい。シルエットが大きく視認性に優れ、マヅメ時の遠距離戦には欠かせない。ライギョに対するアピール度も大きくなるが、同時にプレッシャーも与えやすいので、一発でバイトに持ち込まないと少々厳しい。とはいえウエイトを増したボリュームのあるフロッグは使い勝手がよい。風の影響を受けにくくラインに張りを持たせやすいので、遠くでヒットした場合もフッキング率が高い点は大きな魅力だ。

浮き角度やウエイトの違いがライギョの反応を大きく変える。動かして釣るのか止めて食わせるか。どのように釣りたいのかをイメージしながらチューニングするといい

一方でボリュームのない小さいフロッグは調整が難しい。浮力が弱くて背負えるウエイトに限界がある。ゆえにフロッグが滑ってラインにスラックが生じやすく、フッキングの際は自らが後方に勢いよく下がってテンションが抜けないようにフォローする必要がある。また、シルエットが小さいのでマヅメ時は見えづらい。そんな使いづらい点が多い小さいフロッグだが、多くのアングラーが食わせの切り札として使用する。やはりライギョが違和感を覚えないひと口サイズは、警戒心の強いモンスターを相手に絶大な威力を発揮する。

話は逸れるが、フロッグの中には製造の誤差によって特別ボディーが硬く、

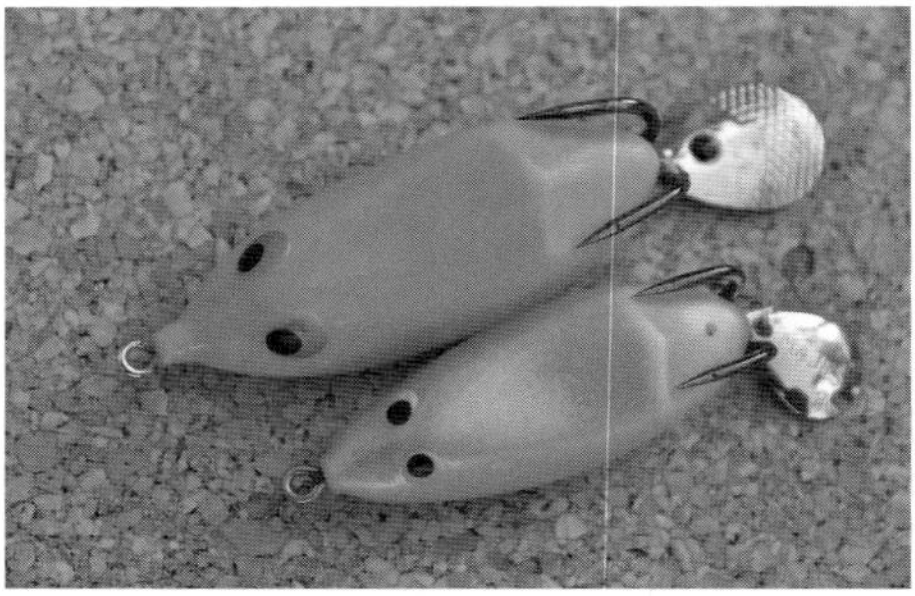

ボリュームが異なるフロッグ。中空ボディだけにハードプラグとは意味合いが変わってくる。見た目は同じながら全然違うからおもしろい

著しくフッキング率が低い個体がある。こうしたフロッグを避けがちだが、サーチベイトとして使うことでフィールドのコンディションをある程度推測することができる。使い方は、小型のライギョを探して近くにキャスト。好反応を示したらそのフィールドはスレていない可能性が高い。もし小型ライギョがフロッグにアタックしてきても、ボディーが硬いのでフッキングを入れなければフッキングしない。場所を荒らさずに済む。小型ライギョを利用して状況を確認したところで食わせのフロッグに交換し、腰を据えてモンスターが姿を見せるのを待つのだ。逆にフロッグの着水音に驚いて逃げてしまうようならば、先行者が叩いてプレッシャーが掛かっているので、早々に見切って移動することで時間のロスを軽減できる。

波紋と音も見逃せない

そしてフロッグのキモとなるのが「動き」「波紋」「音」「カラー」だ。

「動き」に関しては冒頭に解説した通り。スケーティングアクションを得意とする水平浮きは広範囲にアピールするのでサーチベイトにマッチする。ライギョにスイッチを入れやすい半面ブレーキを掛けにくく、手前への移動距離が大きくなるので一点に留めることができない。風が吹くと水面を滑ってしまうし、足場の高い場所では止めたくても手前に寄ってきてしまう。

縦浮きは食わせのフロッグとして使うアングラーが多い。喫水線がアイに近いフロッグはストップ&ゴー。顔が出る程度に浮かしてあれば、起き上がりこぼしのようにアクションを入れられる。左右への首振りアクションは苦手とするものの、狭い移動距離でネチネチと誘うことができる。ちなみに立ち気味に作りたいならば、腹面がフラットのフロッグがおすすめ。腹全面で水を受けるので、リトリーブを止めると、その場でピタリと止まる。

そしてフロッグを動かす際に生じる「波紋」。スライドアクションやドッグウォークさせたときに出る波紋やヨレ、ポッピングするときに水しぶきや泡と共に出る波紋、チョンチョンと軽く誘いを入れたときにフロッグの腹で水を押すときに生じる波紋。どれも同じ波

紋だが、ライギョの反応はすべて異なる。先に触れたフロッグのボリュームやウエイト、形状でも波紋は変わる。その局面で最も有効な波紋を生じさせるフロッグをチョイスできるようになれば、おのずとヒット率は上昇する。

そして「音」。ポッパーのようなカップ音を出すフロッグをはじめ、どのフロッグも動きを加えると多少なりとも音が出る。カバーの上を滑る音はもちろん、人間には分からないような小さな音もライギョは振動として水中で感じ取っている。リングとアイが干渉する程度の微かな音にすら反応する。こうした音や振動に敏感に反応することから、ボディーの中にバス釣りに使うラトルカプセルを忍ばせたり、小さな玉を入れるアングラーも見受けられる。もちろんブレードもフックに当たる金属音や水をかく音を出す。特に後者はチャパチャパと柔らかい音を立てながら軽く水しぶきを上げるように仕上げると、ライギョの反応がすこぶるよい。ブレードの素材や形状、大きさによってしぶきの上がり方や音質が異なるので、いろいろ試してみたい。

バリエーション豊かな「カラー」に関しては、まずは視認性を重視して選べばよい。朝や夕方のローライトコンディションや、凹凸のあるカバーの上で位置を把握しやすいオレンジやピンクを使う人が多い。時間に関係なく使えるのはチャートだ。ラメ入りの効果も期待できる。

ブレードやファーなどのアトラクターは、ライギョに口を使わせる力こそ大きいが、空気抵抗が大きいので飛距離とキャスト精度が落ちるのが難点といえる。アトラクターを装着したフロッグに反応して近づいてきたライギョは、そのままバイトに持ち込める確率が高いだけに悩みどころだ。ちなみに同じフロッグでも、ダンゴに比べてアトラクターチューンを施したフロッグは、ライギョが反応してからアタックに移行するまでの時間が短く、アタックにも勢いがある。

このように同じモデルのフロッグでも、大きさやウエイト、カラー、アトラクターの有無などを組み替えることで、まったく別物のフロッグになる。実にマニア心をくすぐられる。あれこれ妄想を膨らませながらチューニングしているうちに、自分だけのオリジナルのフロッグを作ることが楽しくなってくるはずだ。

ダンゴとブレードとファー。同じフロッグでもアトラクターが変われば使いどころも違ってくる。誘いのダンゴにリアクションのブレード、食わせのファーといったところか

ダブルラインを覚える

**ラインブレイクを避けるための
ラインはダブルにする。そして、
こまめにチェックして結び直す。**

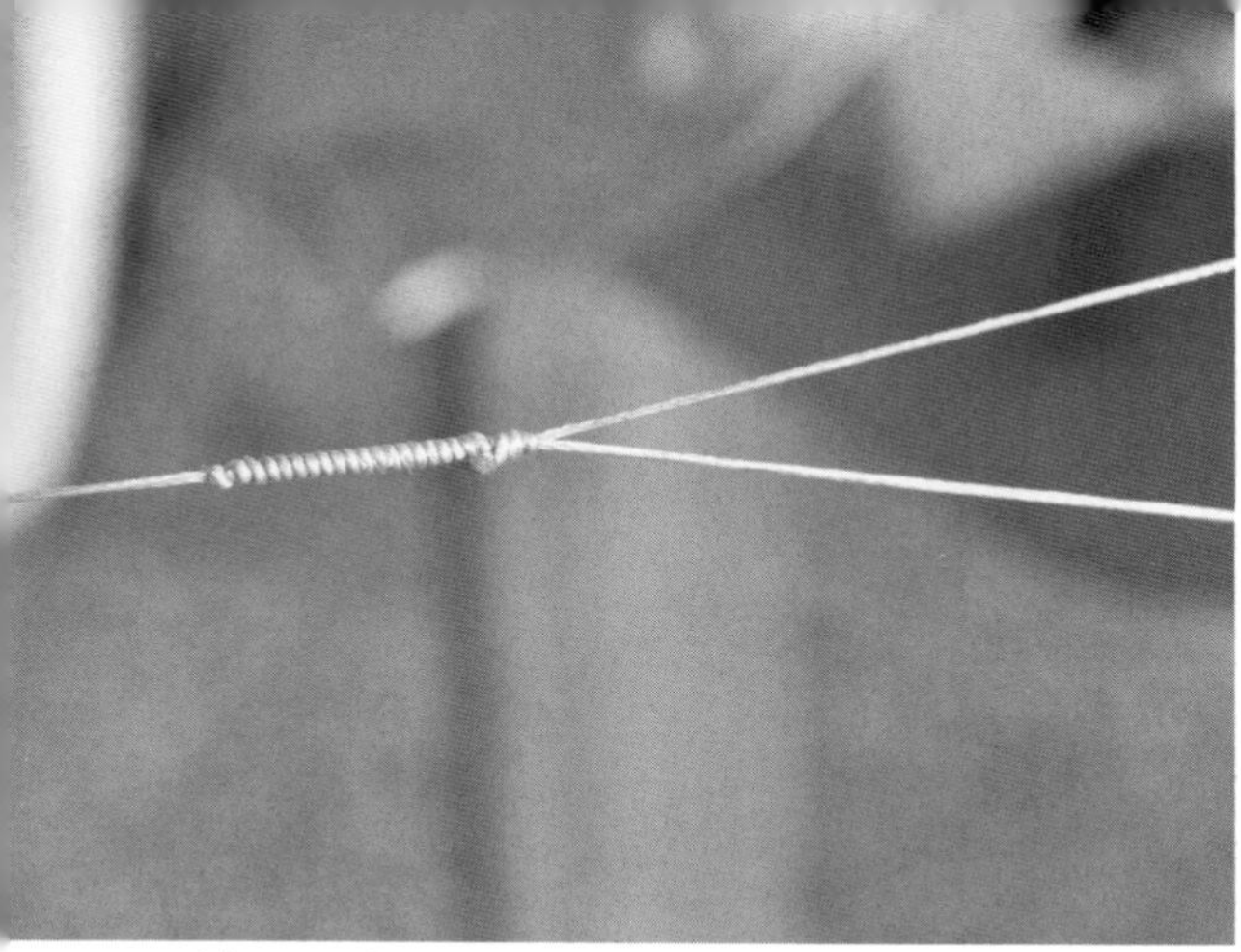

ダブルラインはビミニツイストで作る。ビミニツイストは覚えやすくて強度も出せるので、ライギョ釣りを始める人には特におすすめ。ちぢれないPEラインだから簡単だ

簡単で強いビミニツイスト

ラインが結節部分で切れやすいことは周知のとおり。いかに強度的に優れる太いPEラインといえども、瞬間的に力が加わると強度が低下する結び目で切れる可能性がある。そこでライギョ釣りには結び目を排除するため、ダブルラインを組んでフロッグをラインにセットする。PEラインを単線でアイに直接結ぶようなことはしない。

オーソドックスなダブルラインは、ビミニツイストもしくは三つ編み。これからライギョ釣りを始める人には、簡単で強いビミニツイストがおすすめ。ちぢれ難いPEラインなので、ちょっと練習すれば誰でもできるようになる。慣れてきたらフィールドでも3分あれば作業を完了できるはず。

なお、高い強度を誇るビミニツイストといえども雑に組んでは意味がない。強度低下を抑える秘訣は、ヨリを密にして折り返していく際、きれいにラインを巻き込んでいくこと。ラインシス

フロッグはチチワぶしょう付け（箱掛け）でのセットが主流。こまめに先端をカットしてダブルラインを結び直すことを前提としている

【ビミニツイスト】

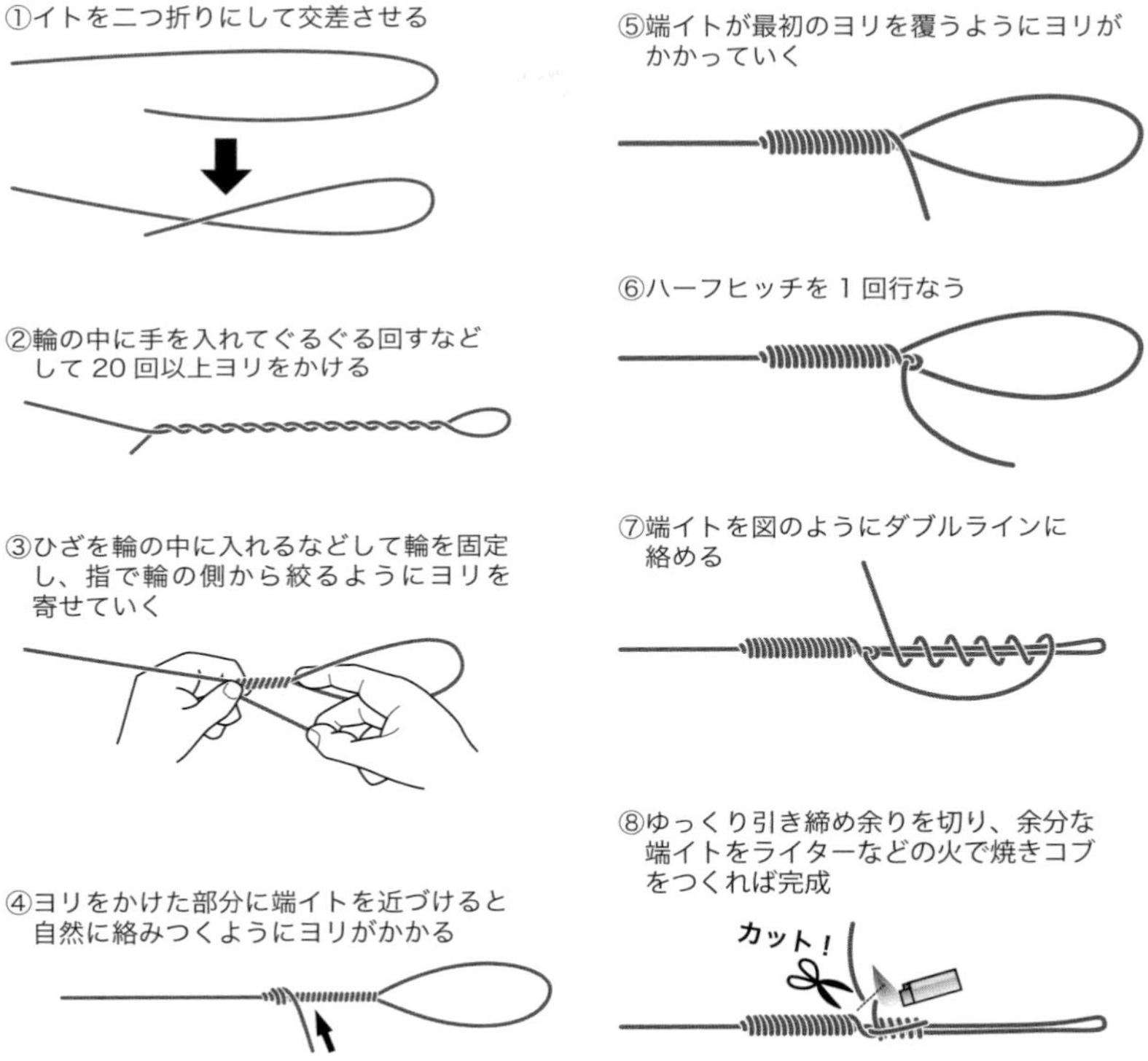
①イトを二つ折りにして交差させる
②輪の中に手を入れてぐるぐる回すなどして20回以上ヨリをかける
③ひざを輪の中に入れるなどして輪を固定し、指で輪の側から絞るようにヨリを寄せていく
④ヨリをかけた部分に端イトを近づけると自然に絡みつくようにヨリがかかる
⑤端イトが最初のヨリを覆うようにヨリがかかっていく
⑥ハーフヒッチを1回行なう
⑦端イトを図のようにダブルラインに絡める
⑧ゆっくり引き締め余りを切り、余分な端イトをライターなどの火で焼きコブをつくれば完成
カット！

テムは、見た目が美しく仕上がるほど均一に力が加わるので強度が出るとされている。最初は上手にできなくても簡単にほどけるので、何度も練習して確実にマスターしてほしい。

　ダブルラインが完成したら、チチワぶしょう付け（箱掛け、トックリ掛けとも言う）でフロッグをセットする。この方法は、ダブルラインで作った輪をフロッグのアイに通して広げ、フロッグを潜らせて引くだけ。ハードなカバーを攻めない限りは、このシンプルな結節で問題ない。フロッグの交換も手早く行なえるので、多くのアングラーがこの方法でフロッグをセットしている。以前はダブルクリンチノットで結束するアングラーも見受けられたが、PEラインの性能が大幅に向上した現在はこちらが主流になっている。

　この結節で大事なことは、こまめにダブルラインをチェックすること。カバーに擦れて毛羽立ったり、ライギョ

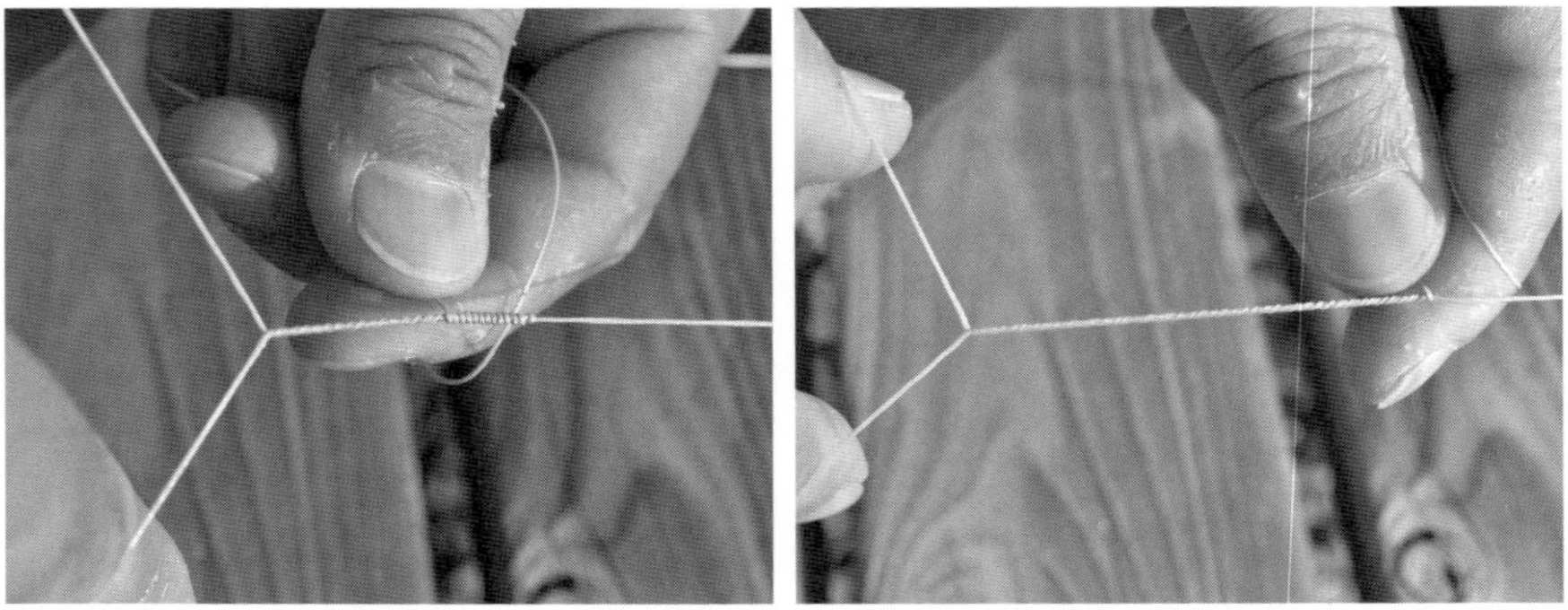

ビミニツイストで強度を出すには、ヨリを密にしていってからの折り返しをキレイに仕上げることが大切。巻いていくラインに隙間があったり重なっているなど、均一に巻いていないとフッキングの瞬間に勢いよく締まり、その衝撃で切れることがある。ビミニツイストを作る際は、見た目にも美しく仕上がるよう心掛けること。手早く行なう必要はない。ゆっくりでも確実に作業しよう

とファイトして少しでも傷が入ったなら、すみやかに先を1mほどカットしてダブルラインから作り直すこと。

オフショアスイベルノット

チチワぶしょう付けでは不安を感じる人におすすめしたい結節方法が、150lbを超える強度を持つシームレスリングをオフショアスイベルノットで接続し、平打ちした高強度のスプリットリングを介してフロッグをセットする方法だ。オフショアスイベルノットとは、読んで字のごとく外洋の大物釣りに使われるスイベルを用いる結び。カジキなどをターゲットにしたトローリングで多用されるノットで、その強度は折り紙付き。

フロッグの交換にはスプリットリングプライヤーが必要になるが、万が一ファイト中にダブルラインの一方が破断しても、ノット部分がほどけないので、もう一方のラインが持ちこたえてくれる。こちらもチチワぶしょう付けと同様にシステムを過信せず、ラインをチェックしては、こまめに結び直すことが大切だ。

なお、フロッグのサイズに対してあまりに大きいリングはフロッグの動きを崩しかねないので、セッティングする際は、そのバランスに注意すること。

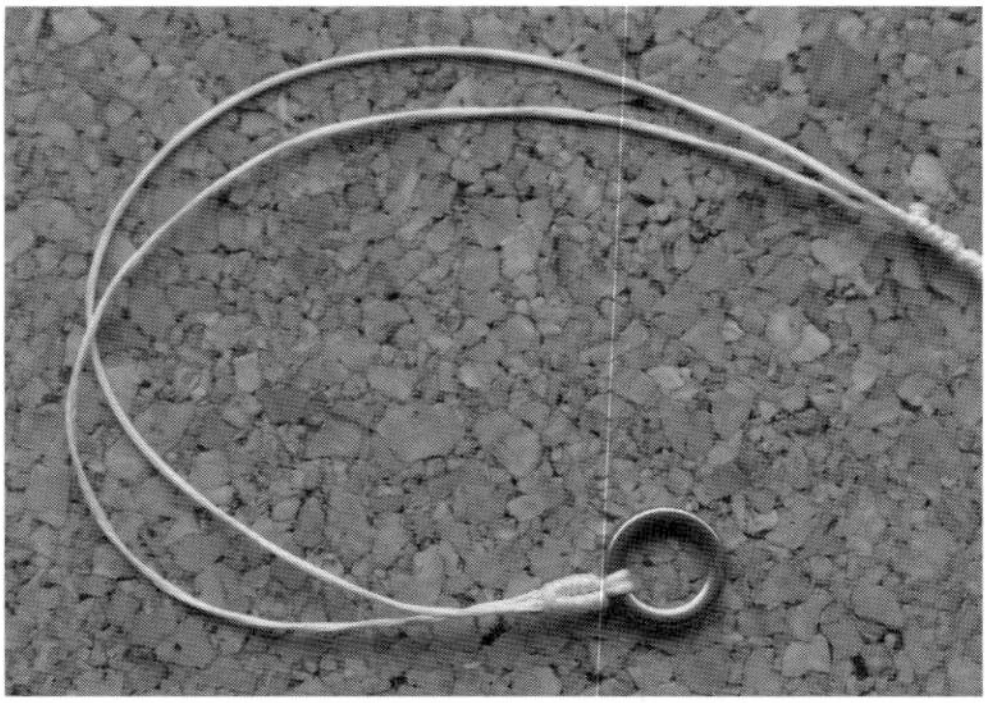

激しいヘッドシェイクでも切れない太さのPEラインを使うのだが、何が起こるか分からないのが釣り。このシームレスリングを介したシステムならば、さらに安心だ。もちろん過信は禁物。こまめにラインをチェックすること

【オフショアスイベルノット】

①シームレスリングにダブルラインのループ部分を通す

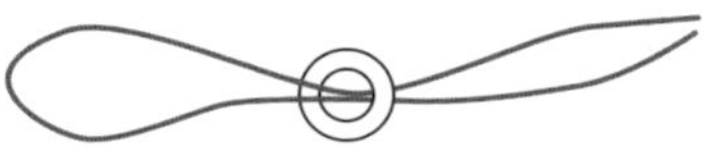

②ループ部分を一回ヒネってラインをクロスさせる

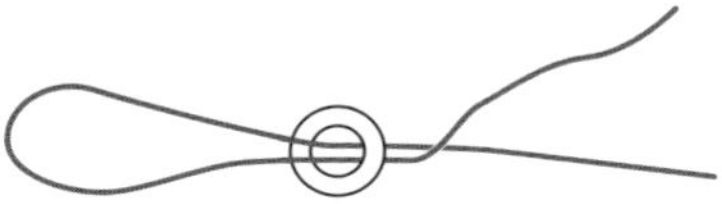

③ループ部分を重ねる

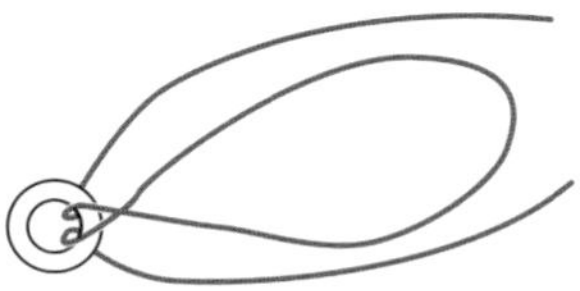

④重ねたループ部分にリングをくぐらせる

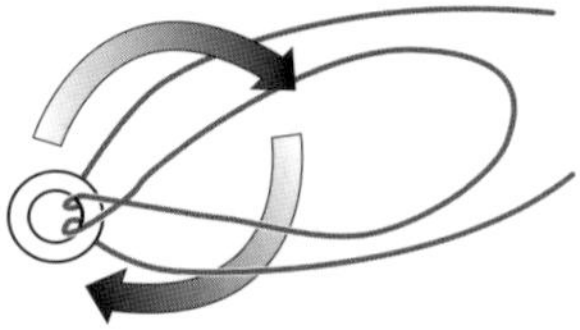

⑤5、6回くぐらせればOK

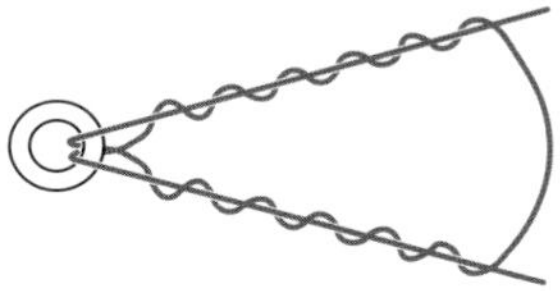

⑥リングとラインを引っ張って締め込む

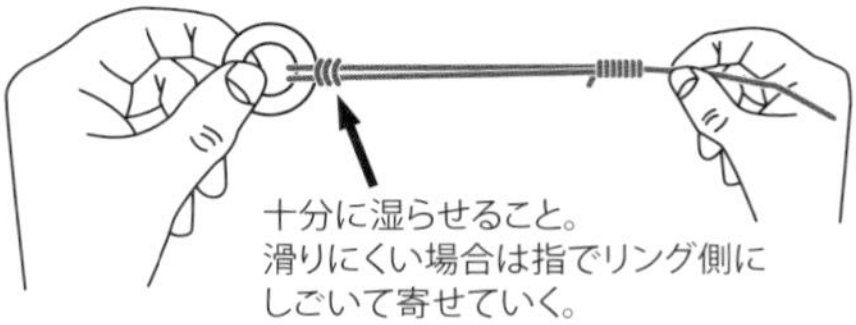
十分に湿らせること。
滑りにくい場合は指でリング側にしごいて寄せていく。

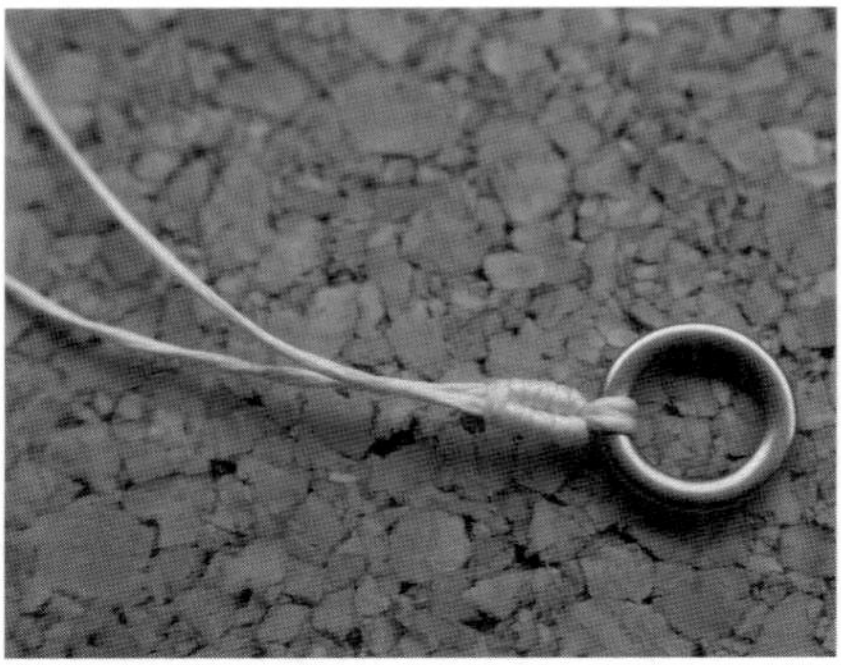

オフショアスイベルノットならば片方のラインが切れてもほどけない。より安心してゲームに集中できる

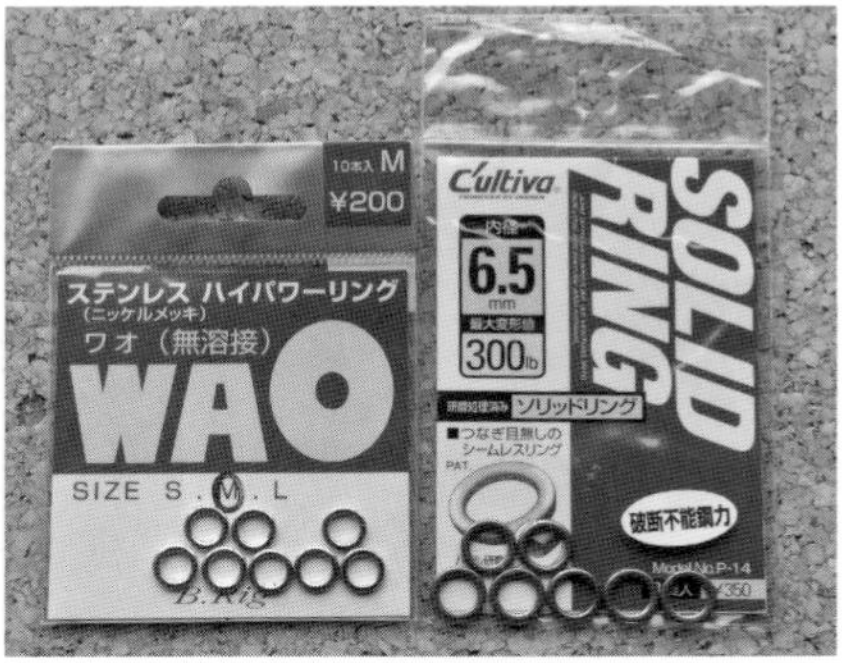
10本入 M
¥200
ステンレス ハイパワーリング
（ニッケルメッキ）
ワオ（無溶接）
WAO
SIZE S.M.L
Cultiva
SOLID RING
6.5
mm
300lb
ソリッドリング
■つなぎ目無しの
シームレスリング
破断不能鋼力
Model No.P-14

シームレスリングはジギングに用いられる鋼板を打ち抜いて作ったリング。継ぎ目がないので抜群の強度を誇る

携帯したい小物類

ライギョを傷付けないツールを携帯することは、アングラーの矜持である。

エキスパートのタックルバックには無駄がない。奥までフロッグを飲まれると外すのに苦労するケースがあるので、フックオフツールは必ず携帯しておきたい

専用タックルを使うライギョ釣りは、タックルバックに忍ばせる小物も独特だ。持っていくべきアイテムは、基本的にライギョを傷付けないためのものが多い。入門したてのアングラーはライギョの扱いが分からず魚体を傷付けやすいので、こうした小物類を活用して、気持ちよく釣りを楽しもう。

ランディング袋

まずはライギョを取り込む際に活躍するランディング袋。ライギョを入れるために作られた極厚手の大型ビニール袋だ。ランディングした水際にライギョを置ける草むらがないときに重宝する。

ハンドランディングした状態から速やかに袋に入れれば、無駄に魚体に触れずに済むのでライギョに優しい。袋の中に少し水を入れると、興奮したライギョも程なく落ち着いて静かになる。

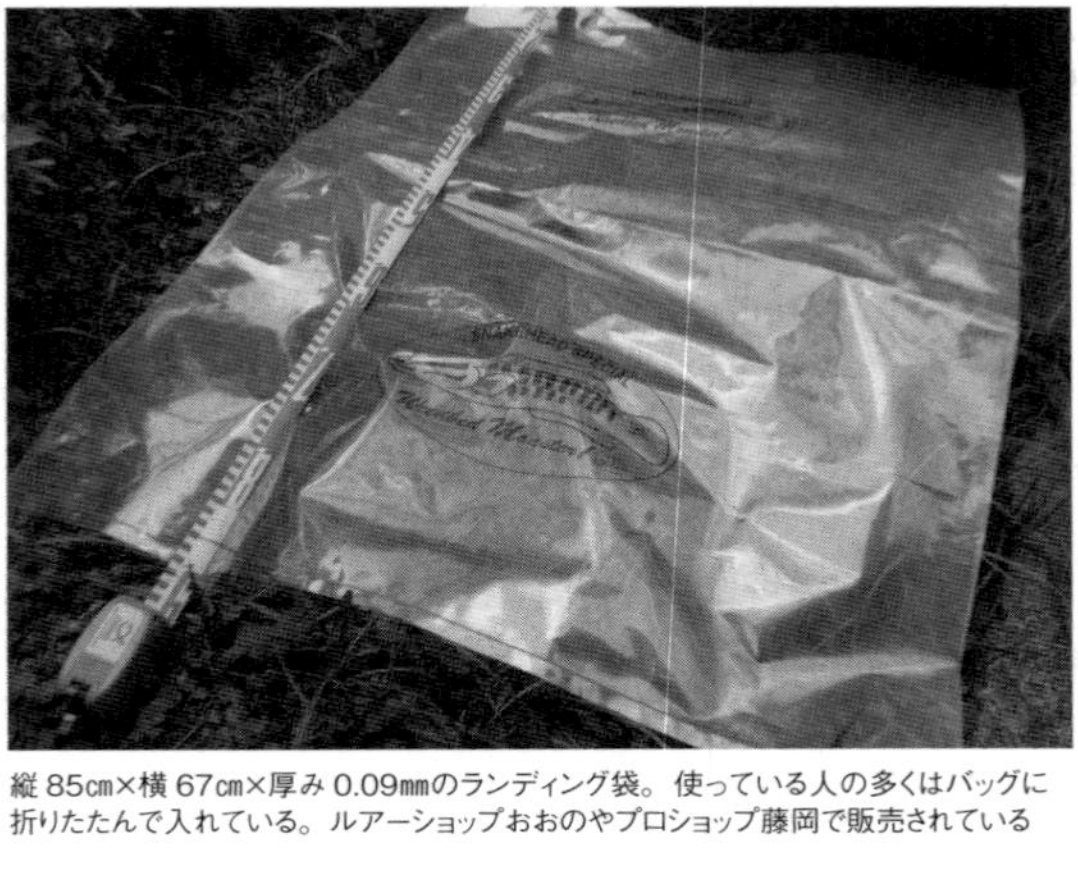

縦 85㎝×横 67㎝×厚み 0.09㎜のランディング袋。使っている人の多くはバッグに折りたたんで入れている。ルアーショップおおのやプロショップ藤岡で販売されている

このランディング袋が優れている点は、手で直持ちしないので、安全な場所まで移動する途中でライギョを落とす心配がないことだ。ライギョの力はすさまじく、扱いに慣れているアングラーでも90㎝クラスに暴れられたら手におえない。入門したてのアングラーなら言わずもがな。さほど大きくなくても制御できない。そこを無理に直持ちしようとするから地面に落としてしまい、結果的にライギョにダメージを負わせてしまう。落とさないという安心感から精神的にも余裕を持てるので、次のフックオフ作業にもスムーズに移行できる。

ランディング袋はリリース袋でもある。水辺まで下りるときも、ライギョを入れておくと安全だ

ちなみに大きなゴミ袋などのビニール袋は、不意に破けて中からライギョが飛び出す危険性があるので使えない。その点もランディング袋は充分な強度を確保しているので安心だ。

リリースするときは、ランディング袋を半分水につけて口を下に向ければ、ヌルリと出て泳いでいく。

携帯水汲みバケツ

最近多くのエキスパートが愛用しているのが水汲みバケツだ。携帯性に優れる折り畳み式が多く、ウエストバッグに簡単に取り付けできる。

主な使いどころはフックオフ。特にフロッグの掛かりどころが悪くて外すのに手間取ってしまうときは、まめに上から水を掛けてやることでダメージ

■携帯用水汲みバケツ

ラッティーツイスター
ウォーターホールディング
バケット

携帯用の水汲みバケツはコンパクトに折り畳めてバッグのベルトに装着できる

を軽減できる。また、リリースを終えて汚れた手を洗いたいときにも便利だ。

こまめに水をかけていればライギョは比較的元気でいてくれるので、焦らずフックオフ作業ができる

フックオフツール

ライギョを取り込んだら草むらに置き、両手を使ってフロッグを外す。フックオフは魚を持ったまま片手でできるほど簡単ではない。大抵のフロッグは口腔内に掛かっており、しかも口をかたく閉じているからだ。ライギョはアゴの力が非常に強く、簡単には開けられない。しかも唇のすぐ奥に鋭く鋭利な歯が並んでいるので、素手での作業は危険を伴う。そんな場面で活躍するアイテムがマウスオープナー。マウスオープナーを使えば安全かつ簡単に口を開けられるので、ビギナーは必ず携帯すること。また、マウスオープナーは開口した状態で固定でき、両腕が使えるので手早く作業が行なえるメリットも大きい。

■持っておきたいフックオフツール

クニペックス
プライヤー 26-15-200S
ツネミ別注モデル
用途／口開け＋フックオフ
扱いやすくて口開けとフックオフのどちらもスムーズにこなす

スミス
グロッサメタリ
用途／口開け
ライギョの口を加減しながら開けるために必要な機能を搭載したヘビーデューティー仕様のオープナー

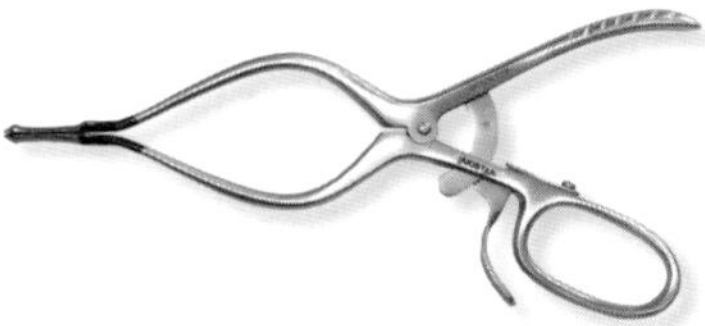

スミス
グロッサメタリ CDX
用途／口開け
ラチェット方式を採用した、誰にでも簡単にライギョを口を開けられるコンパクトなオープナー

スミス
グロッサロングフォーセップ
用途／フックオフ
食道の入り口付近など、口腔内でも奥に掛かった場面で重宝する先丸のフォーセップ

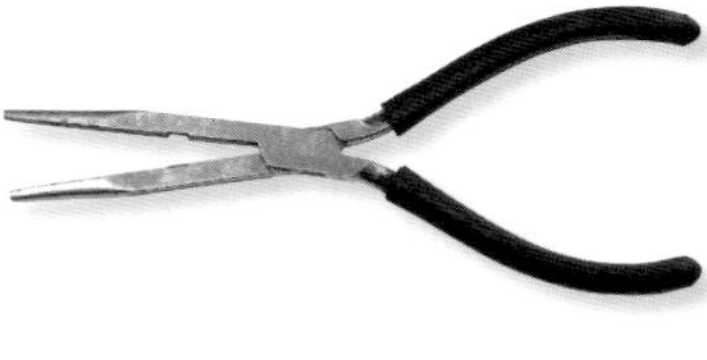

ウィナーズ
スーパーロングノーズプライヤー
用途／口開け＋フックオフ
定番のプライヤー。ライギョの歯を折らないよう先にビニールテープを巻いておくといい

注意点としては、ライギョに配慮してアームにたわみが生じる作りになってはいるが、アゴが外れんばかりに力任せに握り込まないこと。また、口にかませる部分はラバーコーティングが施されており、ライギョの歯を折らないように考えられているが、アングラーの使い方が荒いと、ライギョを傷付けてしまう。焦って無理矢理こじ開けようとはせず、タイミングを見計らって優しく扱ってほしい。

　そして、口腔内に掛かっているフロッグをつまんで取り出すアイテムがロングノーズプライヤーやフォーセップだ。くれぐれも指を奥に突っ込んで取り外そうとはしないこと。ライギョが突然暴れてマウスオープナーが外れたら無事では済まない。

　ちなみにライギョが暴れ出す前兆を察知できるので、マウスオープナーの代わりにロングノーズプライヤーを使うアングラーが多い。ライギョは暴れる直前に全身に力を込めるので、口にも力が入ってくるのだ。また、魚体に優しいという理由で素手ですべての作業を行なうエキスパートもいる。

　フックオフに時間を取られるほどライギョは弱っていく。まずは手早くマウスオープナーを使った外し方を覚えて、将来的に慣れてきたらプライヤーを使ったり、素手でのフックオフに挑戦すればよい。

手早く口からフロッグを取り出してスムーズにリリースする技術は、釣るテクニック以上に求められる

エキスパートの多くはプライヤーを使ってライギョの口を開け、もう一本でフロッグをつまんで外すが、これには慣れが必要だ

ファーストエイドキット

　足場の悪い場所で転倒したりヤブ漕ぎ中に草木で手を切ったりするなど、フィールドではケガがつきものなので、絆創膏やガーゼ、消毒液などがセットになった携帯用のファーストエイドキットをバッグに常備したい。傷口が洗えるので飲み物用のペットボトルも1本は水にしておくとよい。

　また、ハチに刺されたときに毒を吸い取るポイズンリムーバーを携帯しているアングラーも見受ける。ヤブ漕ぎが多いフィールドでは、どうしてもハチとの遭遇率が高まるので持っておくと安心だ。

フロッグはバーブレスなので、軽く押し込むように動かせば簡単に外れる

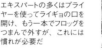

その他のアイテム

　自己記録を更新するサイズのライギョを手にしたときは、きっちりサイズを計っておきたいものだ。ライギョの計測には、直進性抜群の鉄製メジャーを利用する。ライギョは大型だけにビニール製のメジャーを使うと誤差が生じるからだ。もちろん個人の思い出として計測する程度ならば、どんなメジャーを使おうとも問題ない。スマートフォンの撮影機能を利用して計測できるデジタルメジャーもある。

　また、キャッチしたライギョのコンディションが素晴らしければ、記念に写真として残しておきたい。スマートフォンの撮影機能も驚くほど進歩しているが、コンパクトデジタルカメラがあるとより鮮明な映像として残しておける。

　そして最重要ツールの偏光グラス。水面の反射光を取り除いて水中の様子を伺えるので、太陽が高い位置にある状況下でのサイトゲームでは欠かせない。レンズカラーは強調して見たい色に合わせるのが基本。多くの釣りにはコパー系が人気だが、ライギョを浮かび上がらせるグリーン系も外せない。

直進性に優れる鉄製メジャーを使えば計測の誤差を最小限に抑えられる

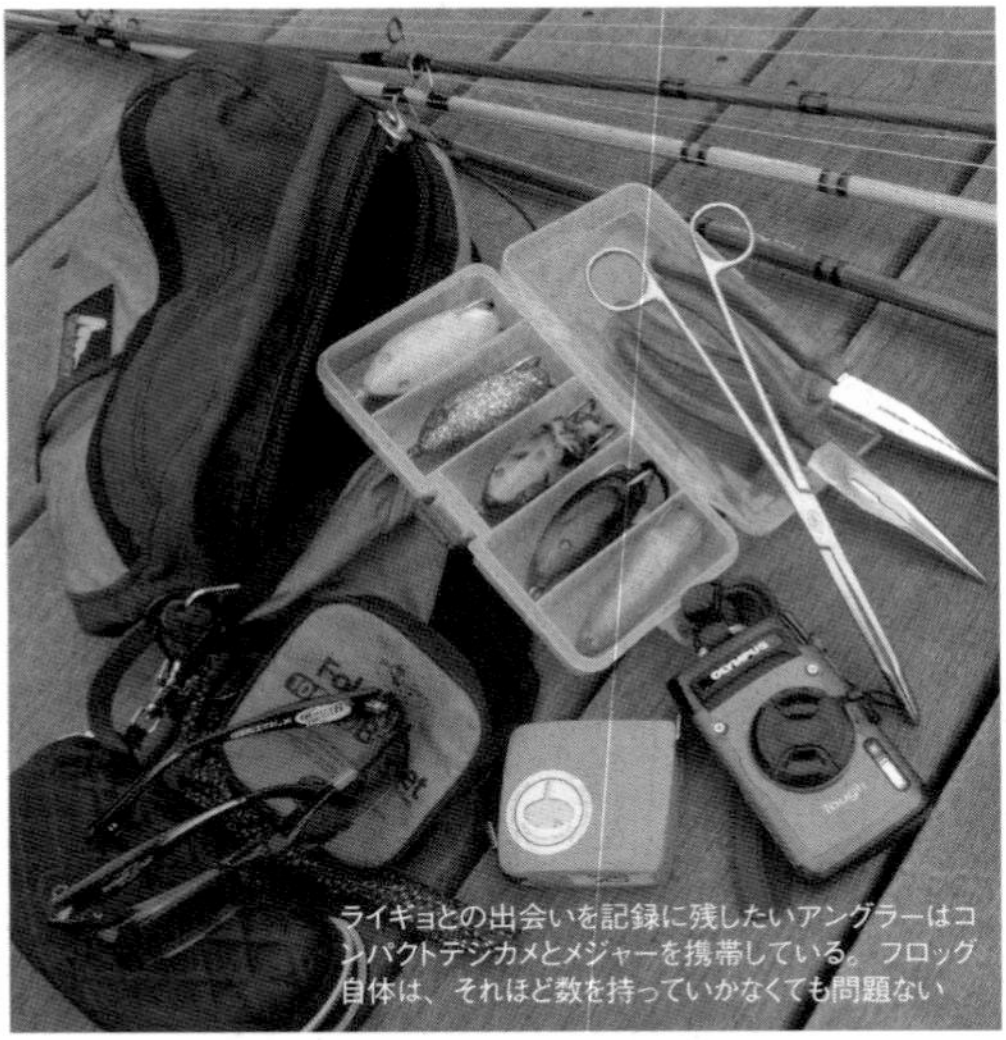

ライギョとの出会いを記録に残したいアングラーはコンパクトデジカメとメジャーを携帯している。フロッグ自体は、それほど数を持っていかなくても問題ない

オープンウォーターやライトカバーで楽しめるサイトゲームは、偏光グラスを使用することでいち早くライギョを捕捉できるので、よりエキサイティングに楽しめる

第3章

Chapter 3

釣り方基礎講座

・サイトゲームとカバーゲーム
・フィールドを開拓する
・都市近郊のライギョ釣り
・ランディングとフックオフ
・晩春から初夏のライギョ釣り
・盛夏のライギョ釣り
・ライギョ釣りの終盤戦
・小中規模河川＆クリーク攻略
・池沼と潟湖の攻略
・ライギョ釣りの代名詞「ヒシ」
・難攻不落の抽水植物「ハス」
・釣り人に人気の「ウキクサ」

フィールドに応じたスタイル

ライギョのフィールドはオープンとカバーに二分され、趣きが異なれば釣り方も変わる。

ライギョのフィールドは完全なオープンからキャストをためらうようなヘビーカバーまでさまざま。晩春から初夏にかけては比較的カバーが薄く、ビギナーでも釣りやすい

ライギョにフロッグを食わせること自体は、それほど難しいことではない。きっちりねらった場所にキャストしてライギョの近くを通せば高確率で反応するので、そのまま上手に誘えればアタックしてくる。慣れないうちは食わせられなくても、だんだんとスイッチを入れるコツがつかめてくるはずだ。

釣り方はフィールドのロケーションに応じて変わってくる。基本的に水中のようすが伺えるオープンと、水草に覆われて水面が見えないカバーの釣りに分かれる。どちらの釣りも甲乙つけがたいほどエキサイティングだ。

浮きライギョを探すオープンフィールド

オープンやライトカバーのフィールドではライギョを探しながら釣るサイトゲームがおもしろい。無駄にキャストしないのでフィールドにプレッシャーを掛けず、サイズも選べるなどメリットは多い。障害物や水草に寄り添うように浮いていたり、ゆっくり岸に沿って泳いでくる。そんなライギョを見つけたら、気配を悟られないよう距離を詰めて静かにキャスト。絶妙のタイミングで鼻先にフロッグを通してスイッチを入れることができればアタックに持ち込める。

ライギョが興奮して大きく身体をよじらせながらフロッグをチェイスしてきたら高確率で食わせられるので、タイミングを見計らって食わせのアクションを一発。姿勢を低くしてアタックに備える。ちなみに真っすぐ魚体を伸ばした状態で追尾してくるときは、あまり食い気がない。見えている魚に固執しがちだが、食わないと判断したら、すぐに見切って他を探すべきだ。

　なお、この先サイトゲームを楽しんでいくと、驚くほど大きなライギョが浮いている場面に遭遇するはず。興奮状態で慌ててキャストしても大抵ミスをする。呑気なように見えてライギョは意外と神経質なので、気配を察知されたり1回でもミスキャストすると食ってこない。大きなライギョに遭遇したときこそ冷静になることが大切だ。フィールドを大きく迂回してライギョの死角に回り込んでからキャストするぐらいの余裕がほしい。

　フロッグを入れられない、もしくは届かない位置に浮いていたのであれば強引にキャストしないこと。着水点がズレたり、着水音が大き過ぎたなど、キャストを失敗した時点でノーチャンスと考えてよい。いったん釣り場を離れて入り直すのも手だ。ライギョが射程内に移動しているかも知れない。また、分が悪いと判断したら、投げずに翌日にあらためる手もある。ライギョは天候が崩れるなど環境が変わったり、他のアングラーに攻められなければ翌日も同じ場所に浮いていたりする。

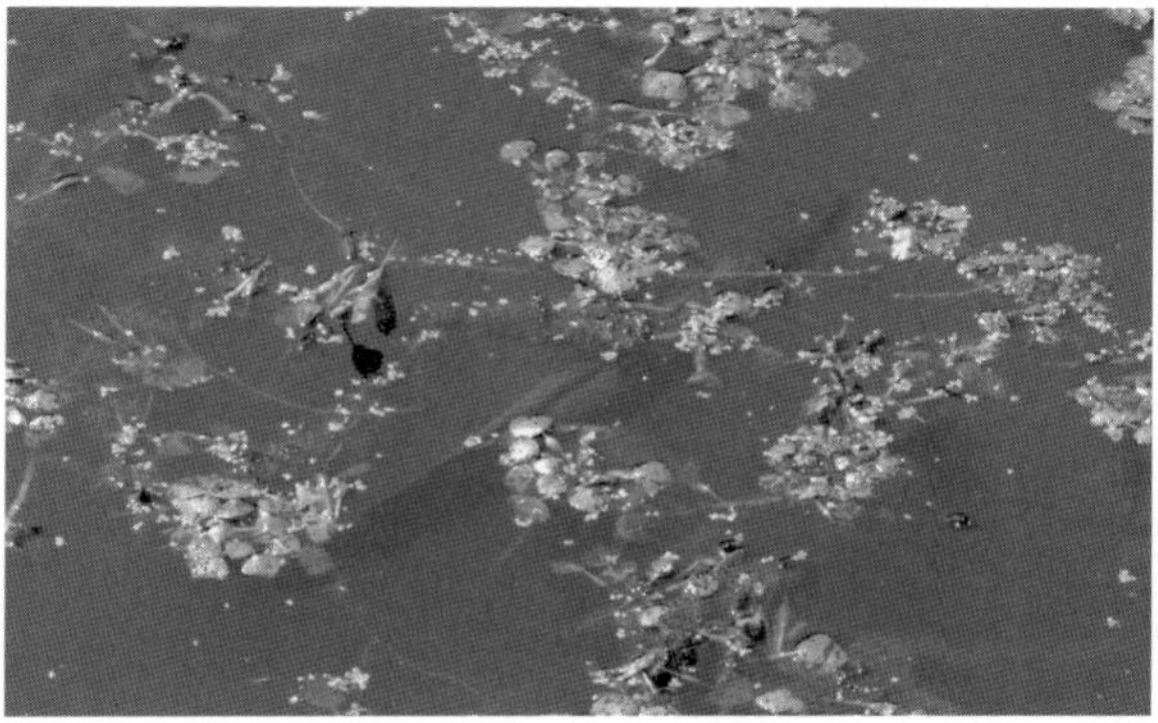
パラビシ程度のライトカバーならライギョを見つけやすい。警戒心が薄いのでアプローチを間違わなければ高確率で食わせられる

カバーエリアは水草の揺れが合図

　カバーエリアはライギョが見えないので、目ぼしいエリアにキャストしてフロッグの存在をアピールするように動かしながら手前に探ってくる。水草の種類が切り替わる境目や水草のポケットがねらい目だ。ライギョがフロッグに気づいて反応すると、フロッグの後方で捕食態勢に入った際に水草が大きく揺れる。このフロッグに着いた瞬間がたまらない。次のワンアクションで水面が炸裂する。カバーが張っていても、所々のポケットでライギョが呼吸に浮かぶので、注意深く観察することがアタックに結びつく。

　なお、いずれの釣りでも大切なのは、食わせる場面だけでなく、ランディングシーンまでイメージしながら釣ること。取り込む場所を決めていればヒットしてから余裕を持って対処できる。

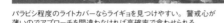

フィールド開拓は宝探し

フィールド開拓もライギョ釣り。地図を広げて、釣り場を探し求めて車を走らせるのも楽しい。

繰り返し開拓に出かけることで、地域の特徴などが見えてくる。地図に情報を書き込みながら宝探しを楽しみたい。これもライギョ釣りの一環なのだ

ライギョ釣りは秘匿性の高いジャンルなので、フィールドの情報がネットに流れることは少ない。多くのアングラーがポイントを非公開とするスタンスを守り続けているのは、フィールド開拓もライギョ釣りの一環として認識しているからだ。フィールド開拓は宝探し。カバーで覆われたクリークや池を探し当てたときの喜び、そして実際にライギョをキャッチしたときの感動は大きい。

フィールドを開拓するにあたって最初に行なうべきが、書店に出向いて気になる地域の大きい地図を購入すること。今どきアナログの地図を買うことに疑問を感じるかも知れないが、フィールドの情報を書き込んでおくためにも地図はライギョ釣りに欠かせない。気になる地域に散らばる池や川を巡りながら、水生植物の状況や水質などの情報を事細かに地図に書き込んでいく。実際にフィールドでライギョの姿を見かけたら、地図を見ながら同じ水系の河川や用水へと範囲を広げてみるのもおもしろい。

抜群の釣り場を求めて何度も足を運んでみる

ライギョは全国各地の田園地帯に生息しているので、探し出すこと自体は難しくはない。そこから一歩踏み込んで、フィールドのロケーションやライギョのコンディションにこだわりたい。ハードルを上げることで魚を拝むことなく太陽が沈む日が増え、気が付けば

水の増減が激しいクリークや河川はライギョも大きく移動するので、1回入っただけでは判断できない。気配が薄かったフィールドが変貌することもある

何百kmも走っていたなんてことも珍しくなくなる。しかし、各地にポテンシャルの高いフィールドは存在するので、諦めてはいけない。釣りを楽しみつつフィールド開拓を進めていきたい。

なお、フィールドに一度足を運んだだけで、また狭い範囲を見ただけで調べた気にならないよう注意したい。特に小中規模河川や用水は水位の変動が激しく、日を改めると状況が大きく変わっていることが日常的にある。また、上流と下流では大きくロケーションが異なるケースも多い。下流は干上がっていたのに上流は豊富な水をたたえていたりする。一部を見て「この川にはいない…」と判断するのは早計だ。

一方で、ロケーションは抜群なのにライギョが確認できないフィールドもあるはずだ。ライギョの数が少ないのか、探るべき場所が違うのか、はたまた入るタイミングが悪いのかなど、自分なりに原因が分かるまで何度も足を運んでみるべきだ。

フィールド開拓は、なかなか当たりを引けない。地図に菱池という名前を見つけて喜び勇んで向かってみれば水を抜かれていたり、目の前に大きなライギョが浮いているのに釣り禁止の看板が立っていることもザラだ。ゼロからのスタートだけに最初はハズレを引き続けることになると思うが、その先には必ず大当たりが待っている。抜群のフィールドにたどり着いたときの感動は、諦めずに開拓を続けたアングラーしか味わえない。

こうして苦労して見つけたフィールドのひとつひとつが自分の大切な財産になる。淡々とした作業になりがちだが、地図を片手に宝探し気分でライギョとの出会いを楽しみたい。

初めて訪れた場所がカバーに覆われていると期待に胸が躍るが、いかにも釣れそうな雰囲気を漂わせながら、その多くはハズレだったりする

都市近郊でライギョを釣る

抜群のロケーションでライギョを釣りたいけれど、現実は都市型河川と用水がステージだ。

街中を流れる矢板護岸のクリーク。ロケーションはよくない場所でもしっかりライギョと向き合うことで得られるものは多い

ライギョ釣りの醍醐味はカバーゲームにあるが、大多数のアングラーは都会で生活しており、日常的に出掛けられるフィールドといえば都市近郊を流れる小中規模河川や護岸された用水路である。理想とは真逆のオープンウォーターだが、丁寧に釣りを組み立てていけば、カバーのフィールドと遜色なく1尾との出会いを楽しむことができる。

冠水からの減水でフィールドを移動

まずは釣りを純粋に楽しむため、浮き角度やアトラクターの異なるフロッグを取り揃えて出掛けたい。日ごろから同じフロッグで同じ釣り方ばかりしていると釣りが雑になる。遠征したときに引き出しが少ないともったいない。日頃の釣行で、あれこれ試しておく姿勢が大切だ。せめてダンゴとブレードとファーの3タイプで、浮き角度の異なるフロッグは持参すべき。一概にはいえないものの基本的なコンセプトとしては、ブレードは縦気味のストップ&ゴー、ダンゴは斜め浮きのドッグウォーク、ファーは横浮きのスケーティングでその効果を発揮する。

タックルはライトにまとめる。オープンウォーターなので追従性に優れる穂先が軟らかいライギョロッドがマッチする。リールも1ランク小さいモデルで、PEラインは8号を巻いておけば充分だ。

タックルの準備が整ったらフィールドに向かって出発だ。小中規模河川とクリークで釣りを左右するのは水位。本書でも解説しているとおり、浅いほどフロッグとライギョの距離が縮まるので釣りやすい。ただし、河川に関してはちょっと事情が変わってくる。都市の近郊を流れる小中規模河川では、水位が上がって護岸の土手まで冠水することがよくある。護岸上の水深が20cmほどになると、ライギョは護岸の上に乗って、冠水した草木の間に身を潜めたり、悠々とクルージングする。これらのライギョは極めて活性が高く、気配を悟られなければアタックに持ち込めるので慎重にアプローチしたい。普段は警戒心が高くて浮いてこない80cmオーバーが丸太のように冠水エリアに乗っていることもある。貴重なチャンスをモノにするためにも、必ずライギョの背後に回り込んで静かにキャストすること。

　そして、最下流の水門が開いて排水が始まると、河川に流れが発生して見る間に水位が下がっていく。水が引いて護岸に乗っていたライギョが消えると、続いて河川の減水に連動して水位が下がるクリークがねらい目になる。

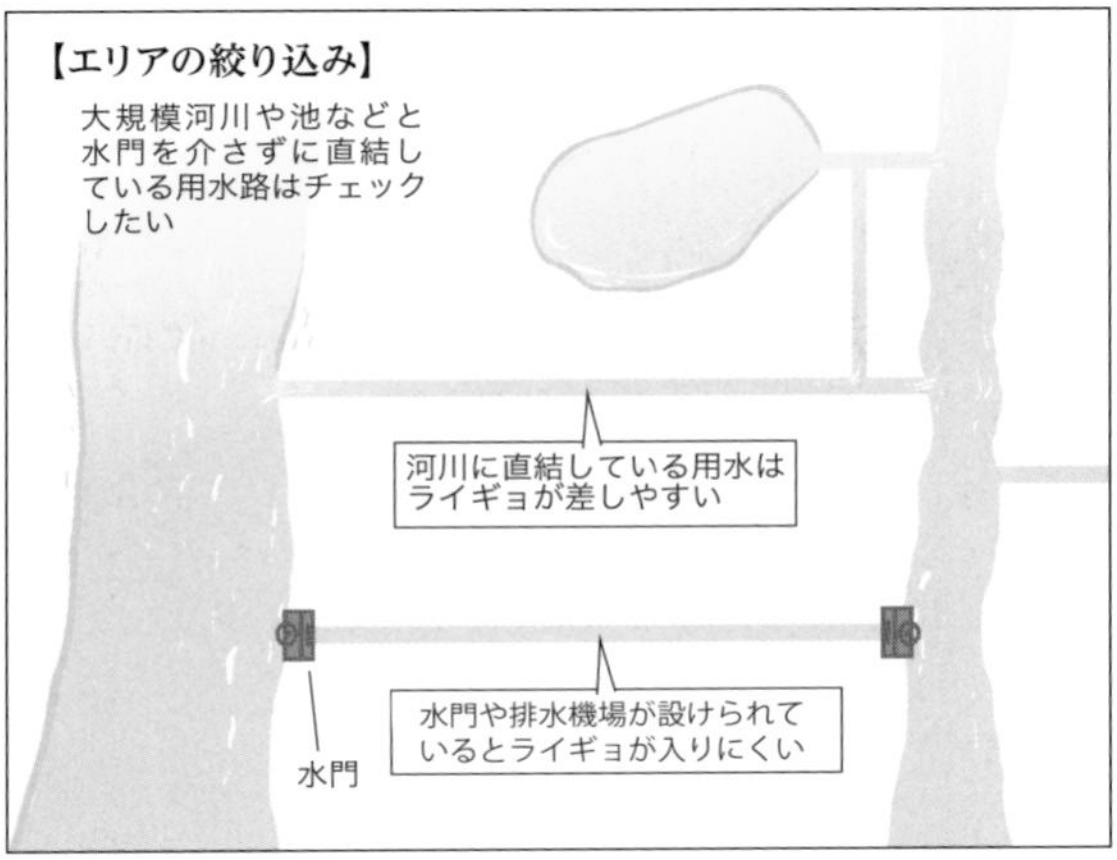

【エリアの絞り込み】
大規模河川や池などと水門を介さずに直結している用水路はチェックしたい
河川に直結している用水はライギョが差しやすい
水門や排水機場が設けられていているとライギョが入りにくい
水門

ちょうどよい水深で入ることがクリークのキモになる。満水では深すぎるので、つながる河川が減水するのを待ってエントリー

こうした全体の流れを考えてフィールドを移動していくとライギョをキャッチしやすい。これがエキスパートが口にするタイミングだ。

　向かう先は河川に直結しているクリーク。水門で堰き止められたクリークは、川が減水しても影響を受けない。直結クリークの水位が下がり切ったところでライギョを探してみる。流れに逆らってライギョが差してきているはずだ。ちなみに水深が20cmあれば80cmオーバーが入ってくる。なお、激浅ク

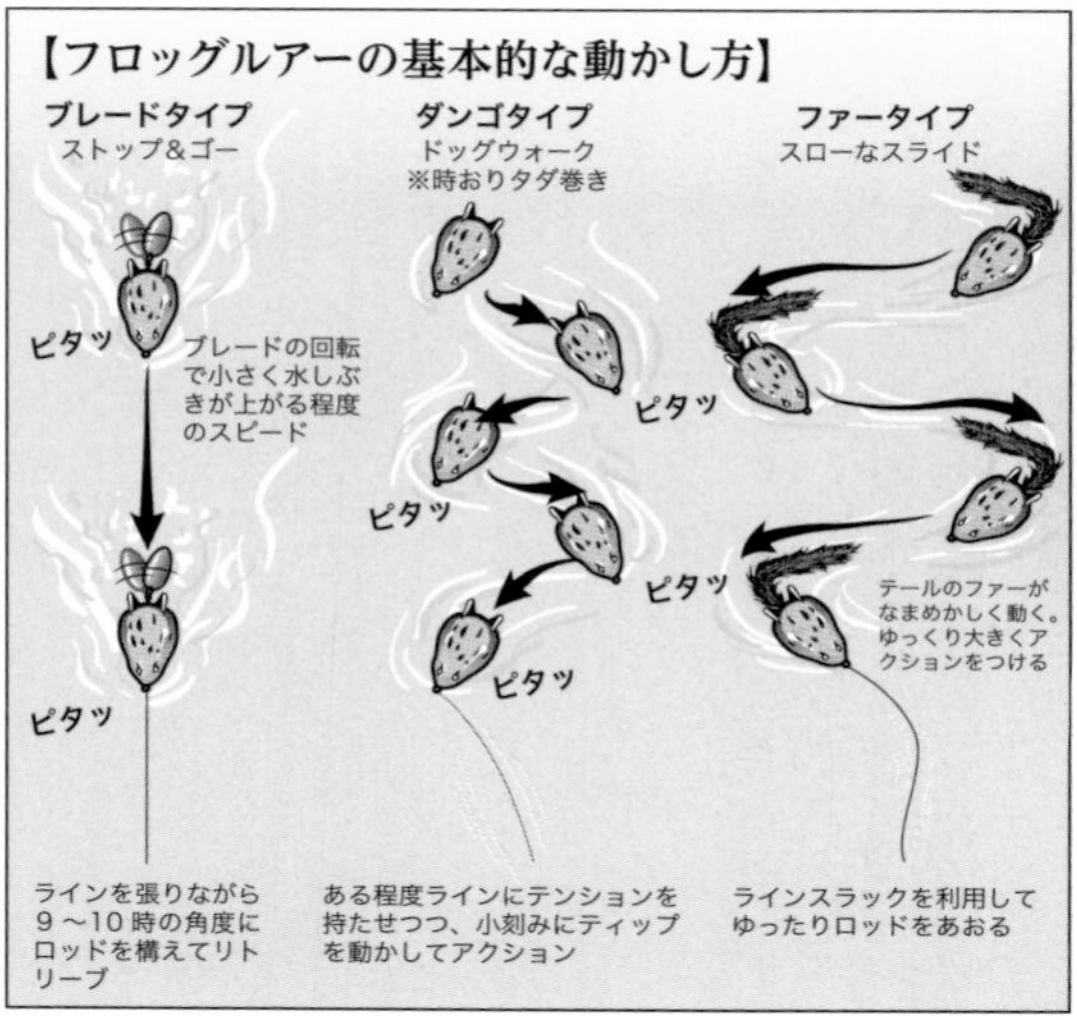
【フロッグルアーの基本的な動かし方】
ブレードタイプ
ストップ＆ゴー
ダンゴタイプ
ドッグウォーク
※時おりタダ巻き
ファータイプ
スローなスライド
ピタッ
ブレードの回転で小さく水しぶきが上がる程度のスピード
ピタッ
ピタッ
ピタッ
ピタッ
ピタッ
ピタッ
テールのファーがなまめかしく動く。ゆっくり大きくアクションをつける
ラインを張りながら9～10時の角度にロッドを構えてリトリーブ
ある程度ラインにテンションを持たせつつ、小刻みにティップを動かしてアクション
ラインスラックを利用してゆったりロッドをあおる

ヤル気のないライギョは魚体を伸ばした姿勢で近づいてくる。そのままフロッグを止めていると、口先でつつくなどして飽きたら沈んでいく

リークを攻めるときは、姿勢を低くしてのロングキャストが基本だ。

都市近郊のフィールドだけにライギョにプレッシャーが掛かっているケースが多く、フロッグを食いそうで食わないことがよくある。ヤル気のないライギョに対して、じっくりフロッグを見せるような釣り方は逆効果だ。

ヤル気なさげに魚体を伸ばしてライギョが寄ってきたら、フロッグに激しいトゥイッチを入れて一定の距離をキープする。この動作を繰り返すと、徐々にライギョが興奮してくることがある。魚体がうねってきたら、タイミングを見計らってポーズで食わせる。決して成功率は高くないが、じっくり見せるよりかは可能性がある。ただし、ヤル気のないライギョにいつまでも固執していると貴重な時間を浪費してしまうので、見切って臨戦態勢のライギョを探したほうが結果に結びつきやすい。

奥に飲まれないよう フッキングは素早く

念願のヒットに持ち込んだものの、ビギナーはファイト中のバラシが多い。これはラインからテンションが抜けることが原因だ。フロッグをくわえたライギョが激しく暴れたとき、しっかりロッドを曲げてテンションをキープしていないとフロッグが外れる。エキスパートは常にテンションが抜けないようにポジション取りしながらファイトする。テンションが抜けないようにファイトできるよう

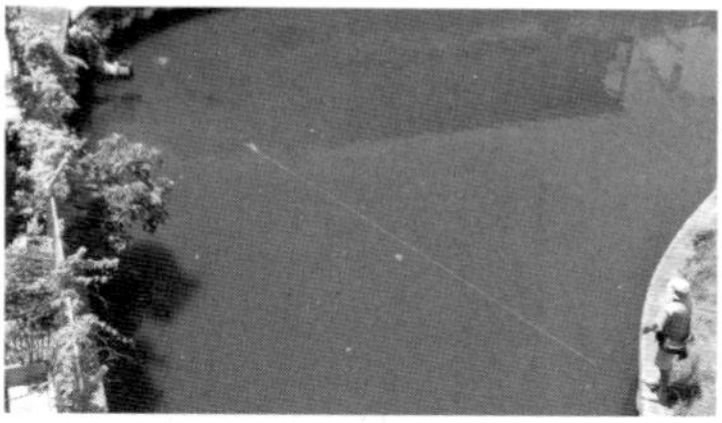
ヤル気のないライギョを相手に粘るよりも、スイッチが入った臨戦態勢のライギョを探していったほうがゲームとしてのクオリティーも上がる

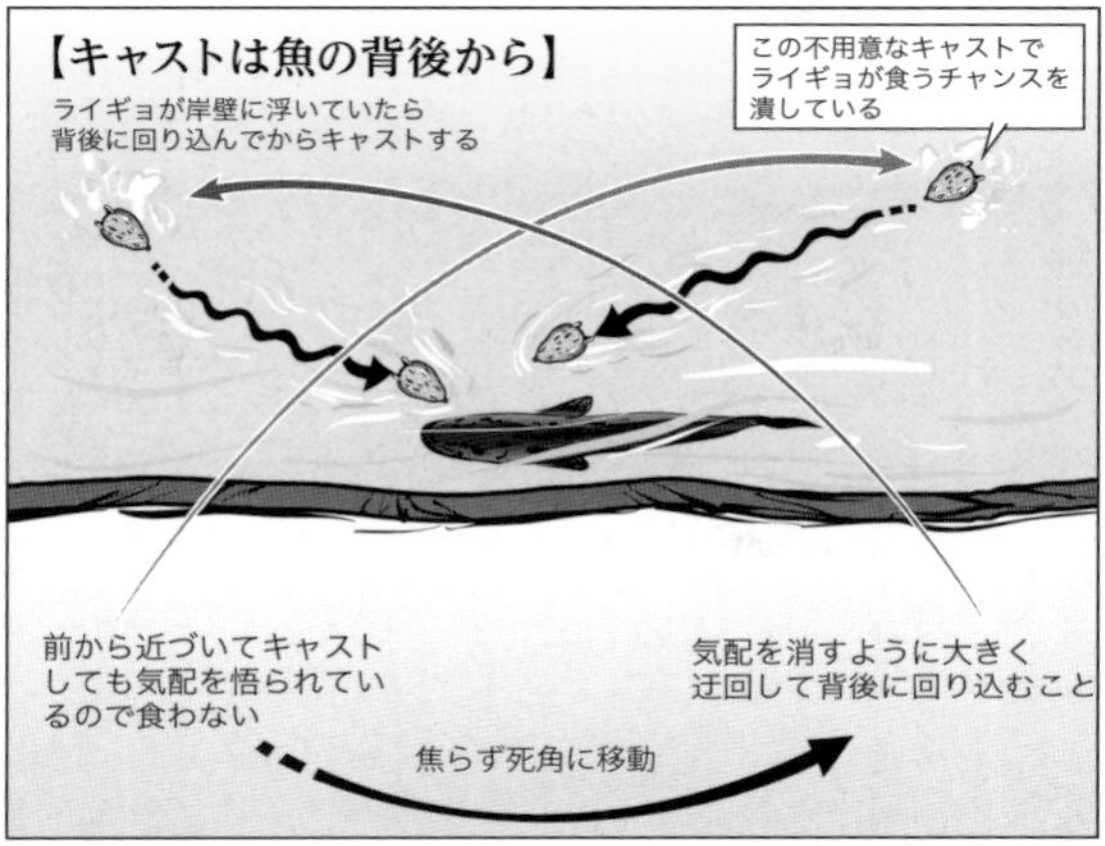
【キャストは魚の背後から】
ライギョが岸壁に浮いていたら
背後に回り込んでからキャストする
この不用意なキャストで
ライギョが食うチャンスを
潰している
前から近づいてキャスト
しても気配を悟られてい
るので食わない
気配を消すように大きく
迂回して背後に回り込むこと
焦らず死角に移動

になればキャッチできる確率は大幅にアップする。何度もバラシを経験して身に着けたい。

　なお、ビギナーが注意すべきはフッキングのタイミング。フロッグを飲まれないようにアタックに素早く反応してフッキングを入れていくこと。じっくりくわえさせてから掛けるという考えは危険だ。どうにもフロッグが飲まれ気味になる場合は、フックポイントをネムり気味にするとよい。掛かりを重視してフックを開くアングラーは少なくないが、飲まれた際にノド奥に掛かりやすい。口先までフロッグを滑らせて、クチビルの辺りにフッキングさせるセッティングを心掛けたい。それでも飲まれることがあるので、フックオフツールは必ず携帯すること。

　エキスパートはシーズン中に相当数のライギョを釣っているようで意外と少ない。なぜなら満足できる1尾を釣った時点でサオを置くからだ。満足の基準は人それぞれだが、釣りを続けて釣果を追加していくと、せっかくの感動が目減りしてしまう。1尾との出会いを味わい尽くすために納竿する。ライギョに敬意を払って必要以上に叩かない。これは都市近郊フィールドでも同じだという。見習いたい部分だ。

最近は温暖化の影響か10月下旬でも普通に釣りが楽しめる。閉幕のタイミングは本人の判断に委ねられるが、寒くなる前にはサオを置きたい

タイミングを読んでエントリーして見事にライギョをキャッチしたら、サイズに関係なく充分満足できる。それが良型なら申し分ない

ランディングとフックオフ

手早く慎重にランディングしたら、フックオフツールを駆使してフロッグを外して元気にリリース。

マウスオープナーではなくロングノーズプライヤーで口を開けることもできる。エキスパートは素手ですべて行なう

アゴの下に指を入れるハンドランディング

ライギョのランディングは、エラ下のアゴに指を入れるハンドランディング、ロッドを使ったゴボウ抜き、ランディングネットの使用などがある。どの方法が正しいというものではなく、フィールドやライギョ、釣り方に応じて使い分ける。状況を見てライギョが受けるダメージが最も少ないであろうランディング方法を選択したい。

基本はハンドランディングだ。アゴの裏側に手を掛ける。ちょうどエラの付け根に左右のエラ蓋をつなぐ袋状の膜が張っており、その袋に中指と薬指を差し込み、人差し指と親指で頭をホールドすると安定する。しっかり頭を固定できたら水面から抜き上げる。

ここで注意したいのは取り込むときのロッドの角度。ライギョロッドは硬くて丈夫ではあるが、硬いだけに想定していない角度から力が加わると簡単に折れてしまう。ライギョのアゴに手

ライギョにとってもダメージが少ない口先に掛かるのが理想だ。大きめのフロッグを使うと飲み込まれにくい

【ロッドを立ててのランディングはNG】
この状態で魚が暴れると、
サオ先が鋭角に
曲がって破損する。
手前に抜き上げる場合も
角度がなくなるので折りやすい
力の逃げ場がない

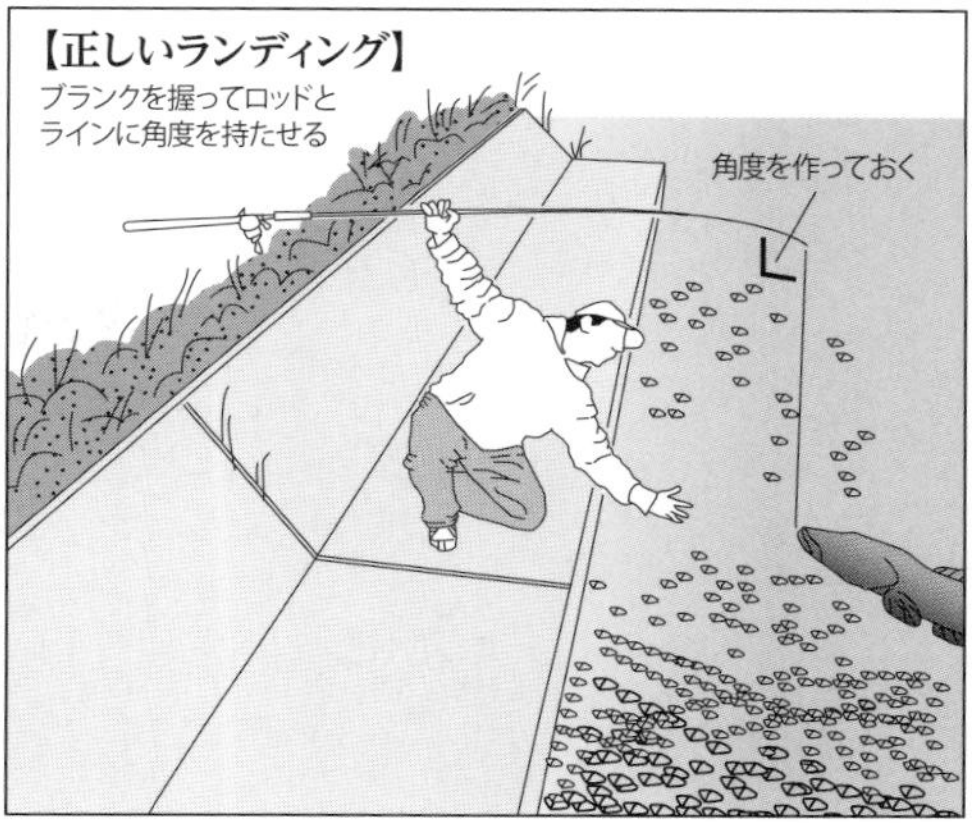
【正しいランディング】
ブランクを握ってロッドと
ラインに角度を持たせる
角度を作っておく

を入れる際にロッドを立て過ぎないよう注意すること。

これはロッドでゴボウ抜きするときも同じことがいえる。魚を抜くときは、自分に向かって手前に抜き上げるのではなく、必ず左右のどちらかに魚を振ること。手前に抜き上げると必然的にロッドが立つので折れる確率が非常に高くなる。特にガードレールやフェンス越しでの抜き上げは角度を見誤って破損させやすいので注意したい。魚とティップまでの距離を短くすると必然的に左右に振らないと取り込めないのでロッドを折りづらい。また、抜き上げが難しいと感じたら、速やかに中止して別のランディング方法を考えること。抜き上げたライギョを優しく軟着陸させることは難しいので、手が届く位置まで寄せられたならサイズに関係なくハンドランディングが基本だ。くれぐれもドスンと落とすような抜き上げはしないこと。

ランディングネットは大型がねらえるフィールド、特に抜き上げるには厳しい足場の高い護岸で活躍する。魚体に傷を付けにくいラバーネットを推奨。どうしてもかさばるので、広範囲を歩きながら探っていくような釣りには向かないが、ライギョが回ってくる大きな水門などに腰を据えて大型だけねらい撃ちするようなスタイルには頼もしいアイテムだ。

取り込みはハンドランディングが基本。サオ先に負荷が掛からないようロッドを寝かせて角度を作ること

無駄に魚を傷付けない濡れた草の上がベスト

ランディングした魚は絶対にアスファルトの上に置かないこと。特に日差しが強い日のアスファルトは人間でも火傷をするくらい熱くなるので、どんな魚も致命傷になってしまう。必ず魚は草の上に置くこと。近くに置けそうになければ、手間でも草がある場所まで移動する。

周囲にライギョを置く場所がなければランディング袋に入れて安全な場所まで運ぶ。途中で暴れて落とす心配もない

周囲に魚を置く場所がない場合に備えて、ライギョ用のランディング袋を忘れずに携帯しておきたい。厚手で丈夫なビニール袋で、メーター級も難なく入れられる大きさがある。バストーナメントに使われるウェイイン袋でも流用できるが、ライギョ専用の袋が市販されている。これらの大きなビニール袋に入れるとライギョは比較的おとなしくなる。水際から草の上に移動させるときにライギョを落とす心配もないので積極的に使いたい。

また、草の上にライギョを置いたときに簡易水汲みバケツがあると、水をすくってライギョに掛けてあげたり、リリースしたあとに自分の手を洗うこともできるので便利だ。

左右のエラ蓋をつなぐ袋状の膜に中指と薬指を差し込んで、親指と人差し指で頭を挟むように握る。間違ってもエラ蓋の中には指を入れないように

焦らず口を開けてプライヤーで外す

フロッグをライギョの口から取り出す作業は慎重かつ手早く行ないたい。クチビルの皮一枚で掛かっているなら苦もなく外せるが、多くの場合はくわえ込んだ状態で口腔内に掛かっており、かたく閉じた口を開けなければならない。ライギョに与えるダメージを考慮して素手ですべての作業を完結させる

エキスパートも中にはいるが、歯は鋭くて噛む力も強いので、ビギナーは必ずマウスオープナーを使うこと。

フックオフの手順そのものは簡単だ。まずはマウスオープナーの先を口の隙間に差し込む。力任せに差し込もうとするとライギョの口や歯を傷付けてしまうので、口元に当ててライギョが力を緩めるまで焦らず待つこと。ライギョの口が軽く開いたら素早く先を差し込んで口を開ける。そして、ロングノーズプライヤーやロングフォーセップで口腔内のフロッグをつまみ、軽く押し込むように滑らせると簡単にフックが外れる。ちなみにマウスオープナーの代わりにロングノーズプライヤーを使って口を開けるアングラーが多い。

フックオフは、バーブレスフックを使用していれば決して難しい作業ではない。外しにくい場合でもフックを左右に揺すりながら軸を押し込めば抜けるはず。小さいライギョが小さい口一杯にフロッグを飲み込んでしまうなど、掛かりどころが見えないばかりかプライヤーも差し込めないような場合は、ハサミでフロッグのボディーをカットして口から取り出し、フックを裸の状態にすれば対処できる。

フックオフは素早く行ないたいところだが焦りは禁物だ。手許が狂うとライギョにダメージを負わせたり、自身もケガを負いかねない。ライギョが尾ビレを起こしてきたら力をためて暴れる前兆なので、速やかにプライヤーなどを口から外してやる。こまめに水汲みバケツで水を掛けていればライギョはすぐに弱ることはない。ちなみに黄褐色だった魚体が紫がかってきたら弱ってきた信号なので、そうなる前にリリースを終えるようにしたい。

そして、計測や記念撮影などをひと通り終えたら、速やかに元の場所へ放してやる。決して乱暴に扱わず、水面近くまで降りていき、両手を添えてリリースする。ライギョへのダメージを最小限に抑えつつランディングからリリースまでスムーズにこなすことができるようになれば、すでにビギナーは卒業したといって問題ない。

記念撮影などを終えたら水辺まで降りて速やかにリリース。
リリースまで完璧にこなしてこそのライギョ釣りだ

晩春から初夏のライギョ釣り

大型連休から盛り上がりを見せるライギョ釣り。浮きライギョを探すのが楽しい序盤戦。

序盤戦は水温が上がりやすい激浅クリークをチェックしていくと好反応が得られることが多い

サクラの花が散ってから2週間ほどすると、ライギョがフロッグに反応するようになる。西日本で4月中旬あたりだ。ライギョ自体は3月の終わりごろに冬眠から目覚めて動き始めるが、まだフロッグを積極的に追うほど活発ではない。無理やり釣るのは釣趣に欠けることもあって、天候が安定してくるゴールデンウィークが開幕の目安になる。スタートを5月5日のこどもの日と決めているアングラーも多い。そして、この大型連休を待ち焦がれていた大勢のアングラーが一斉にフィールドに繰り出すので、開幕直後に大きなプレッシャーがライギョに掛かる。

浮きライギョをサイトでねらう

開幕直後のフィールドは、ヒシやガガブタなどの新芽がチラホラと水面に顔を出してきている程度のライトカバーが多い。気温が25℃を超えるまで上昇するような日は、地形の変化点や水門などの人工的な建造物周りにぼんやりと浮いていたりクルージングしている。フロッグへの反応が素直な時期でもあるので、アクションが派手な水平浮きや斜め浮きを結ぶ機会が多い。広範囲を手早くチェックできるブレードチューンのフロッグも、パラビシのフィールドで活躍する。

風がなければ呼吸や捕食も頻繁に目にする。魚の姿を見逃したときは、波紋の形で魚種を判別できる。ライギョが呼吸したときにできる波紋は美しい円だ。きれいな円状に波紋が広がっていたら、その中心にライギョがいる。

　まだ晩春は上空が寒気に覆われることがあり、前日に比べて最高気温が10℃も下がったりと気温が安定しない。春の雨はまだ冷たく、ライギョは活性を下げて沈黙する。この時期に行なわれるのが田植え。田植えが始まると河川の水位が上がって水質も悪くなるので、濁り水の影響を受けないエリアへの釣行が鉄則となる。まだ田植えが行なわれていないエリアを転々としながら、早い時期に田植えを終えたエリアから濁りが抜けてくるのを待つ。

梅雨入りするころにはヒシなどの浮葉植物も成長して、カバーゲームが各地で楽しめるようになる

雨が警戒心を薄めてライギョをリセット

　6月は全国的に梅雨入りする。気温は日を追うごとに上昇し、湿度も高まってくる。雨の日はライギョを休ませるという暗黙のルールがあるので、サオを持たずにフィールド開拓に勤しんだり、自宅でフロッグチューニングして過ごす日が多くなる。

　釣りを阻む雨を嫌うアングラーは多いが、水の入れ替わりが少ない止水フィールドにとって雨は恵みになる。水質がよくなって酸素も溶け込み、開幕直後からプレッシャーを受けて動きの鈍ったライギョがリセットされる。雨間を縫って釣行すると気持ちのいい捕食音を聞くことができる。降雨による増水で岸際のウキシバなどのベジテーションが冠水すると、その中にライギョが差してくる。捕食を目的としている場合が多いので比較的食わせやすい。

　カバーも濃くなってきているので、重めに仕上げたフロッグを結ぶ機会が増えてくる。カバーのエッジをスケーティングアクションでスピーディーに探ると、勢いよくアタックしてくるのもこの時期だ。

　ただし雨後の冷え込みは苦手のようで、気温が上がらない朝は沈黙しがち。太陽の日差しでカバーが温められると状況が好転する。ヒシやハスなどで覆われた釣り場では、浮葉が日光で温められると沈んでいたライギョが浮いてくる。大抵の魚は朝マヅメがよいとされるが、梅雨期のライギョに関しては当てはまらない。太陽の照り込みによって水温が上昇したところで、ようやくフロッグに反応するようになる。

盛夏のライギョ釣り

日差しが容赦なく照り付ける真夏は、水温と酸素が攻略の鍵。ライギョも快適な環境を好む。

真夏は水通しのよい場所にライギョが集まってくる。水門や流れ込みは必ずチェックしたいポイントだ

梅雨が明けると夏も本番。ヒシやハスが立ちはだかり、ライギョ釣りが最も盛り上がるハイシーズンだ。気温が35℃を超える猛暑日が多く、日中の水温も跳ね上がる。流れのない激浅クリークにいたってはぬるま湯状態だ。あまりに水温が高いとライギョといえども活性は下がり、泥に潜って暑さを凌ぐこともある。激浅クリークのほかにも止水域のフィールドによっては水質が悪化して、水面が緑色の膜で覆われたり、水にトロミが出てくる。池や沼では日照りの影響でヒシなどの水草が枯れる場所も出てくる。ブレードチューンのフロッグを引いたあとにいつまでも泡が残っているような場所は、水が悪いので早々に見切ったほうがよい。

水が動く場所を探して待ち伏せすれば高確率

空気呼吸することで他の魚が生存できない環境でも生きられるライギョではあるが、少しでも快適な場所を求めて大きく移動する。高水温期は水が動いているポイントにライギョが集まってくる。水が動く場所は溶存酸素量が多く、水温も上がり切らない。たとえばインレットだ。シェードが絡めば間違いなく本命ポイントになるので、エントリーした時点で姿が見えなくても、身を隠して待っていれば必ず回遊してくる。暑くなればなるほど、ねらい撃ちしやすくなる。

夏は比較的涼しい朝マヅメ時が釣り

真夏のクリークは時にぬるま湯になるほど水温が上昇する。ライギョは少しでも快適な場所を求め、このような流れ込みの奥に逃げ込むこともある

やすい。夜の間に場所も休められているので、静かにポイントに入ればライギョがクルージングしていることもある。特に大型のライギョは午前6時までにキャッチされることが多いので、早起きしてフィールドに繰り出すアングラーが多い時期でもある。

一方で難しいのは夕マヅメ。小場所の水温は高いままで、ライギョの活性が上がってこないことがある。注目すべきが午後から吹く南風。南北に流れる河川やクリークは、南風が川筋に沿って吹くので水温が上がり切らず、夕方にライギョの活性は上がりやすい。特に夕マヅメに無風になれば大チャンスだ。池や沼でも午後の南風は攻略のキーポイントになる。南風でプランクトンが吹き寄せられた場所に小魚が群がり、それを捕食するためにライギョも姿を見せる。捕食モードに入っている状態で夕マヅメを迎えるのだから、目の前にフロッグを通せば一撃で食らいついてくるのだ。

また、劇的にライギョの活性を上げてくれるのが夕立。閉鎖的なフィールドにおいて、これ以上の恵みはない。夕立の直前に気圧が急激に落ちてくると小魚が水面に浮き、さらに大粒の雨が水温を下げて酸素も供給する。空模様があやしくなってきたら急いでフィールドに繰り出して、雨が上がったところでいち早くフロッグをキャストするといい釣りができる。なお、カミナリにはくれぐれも注意すること。

時期的に集中豪雨に見舞われることもある。大量の濁り水が流れ込む河川はライギョが見えなくなるので厳しい。濁りの影響を受けづらい大きな池や沼、潟が有望だが、水際が大きく冠水して足場が不安定になることもあるので、エントリーする際は細心の注意を払うようにしたい。

水温が上昇するほどねらい撃ちしやすくなる。このライギョは冷たい湧き水が流れ込むインレット脇のカバーに付いていた

ライギョ釣りの終盤戦

夏が終わればライギョ釣りも終盤戦。涼しくなってくると気持ちのいいアタックが拾える。

田園の風景が黄金色に染まると、いよいよ終盤戦。クリークから水が抜かれ、ライギョも環境が安定している場所に移動する

お盆を過ぎると、ある日を境に秋を感じるようになる。朝にシャツの上に一枚ジャケットを着たくなったら、いよいよ終盤戦である。水温の上昇が幾分和らぐこともあってライギョの活性は高まり、フロッグへの反応もすこぶるよくなるが、ミスバイトが多くてアタックの回数に対してキャッチ率が下がる時期でもある。

春同様に地域差が大きく、まだ九州方面ではカバーに力強さが感じられる一方で、6月上旬に開幕した北海道ではひと足早くシーズンを終えるフィールドが出てくる。

秋は激戦区を避けて気持ちいいアタック

秋といえば台風シーズンでもあり、接近するたびに激しい雨に見舞われる。秋の雨はライギョの活性を徐々に下げていくので台風は歓迎できない。最近は温暖化の影響で台風の勢力も強く、直撃した時点でフィールドが荒れてシーズンが終了する可能性もある。

朝が涼しくなってくると、朝マヅメが静かになる。多くの魚の活性が高まる朝マヅメだが、寝坊でもしているかのごとくライギョは動かない。太陽が照り込んで水が温んできてようやく捕食が始まり、あちらこちらで呼吸に浮かぶようになる。秋はアングラーも午前9時ごろからフィールドに繰り出すぐらいでちょうどいい。

おもしろくなるのは池や沼。覆っていたカバーが枯れて徐々に水没してい

分厚いカバーの上で過ごしてきたカエルたちが、秋になると行き場を失って次々と捕食される。タイミングを合わせてチャンスをモノにしたい

くと、カエルが行き場を失って残っているカバーに集中するようになる。だんだん範囲が狭まってきたところで、これを捕食しようと、カバーの周りにライギョが集まってくる。フロッグをキャストすればアタックが取れる。

終盤戦最大の山場は9月下旬の大型連休だ。大勢のアングラーが遠征するので、各地域のライギョに掛かるプレッシャーは相当のものと考えられる。ライギョの警戒心が急激に高まるので、正攻法ではなくヒネた戦略が結果に結びつきやすい。いい釣りをするために、あえていい場所に入らない。モンスターが泳ぐメジャーフィールドはアングラーが集まる激戦区と化すので、同じ時間帯にライギョの数に対して良型が少ないエリアに入る。他のアングラーと場所が被らないのでプレッシャーは薄く、ヤル気満々のライギョのアタックを拾っていける。釣り方がマッチすれば良型も手にできる。ちなみにこの戦略はゴールデンウィークやお盆休みでも有効だ。穴場はビッグフィールドの近くに点在している。

そして10月。いよいよ秋の気配が濃厚になると、地域によって池の水位が大幅に落ちる。浅くなることでフロッグとライギョの距離が縮まり、これまで沈黙していたフィールドにスイッチが入ることも。クリークも水が減り、ライギョは水量が安定している場所を求めて落ちていく。小中規模河川につながる排水機場周りのプールなどをチェックすると泳ぐ姿を目にするが、10月のカレンダーをめくるころには姿を消す。

以前は10月10日がシーズン終了の目安とされていたが、近年は暖かくて10月いっぱいは普通にライギョ釣りが楽しめる。ロッドオフのタイミングは各自に判断が委ねられているが、寒くなる前にはサオを置きたい。

朝夕が肌寒くなると閉幕も近い。早い時間帯はフロッグへの反応も鈍いので、太陽が照りつけるお昼前後に集中したい

小中規模河川&クリーク攻略

水資源が豊富な日本は水路や河川が発達している。そのすべてがライギョフィールドなのだ。

水郷地帯をはじめ都市近郊や田園地帯など、灌漑や治水と目的は違えども日本中にクリークと呼ばれる水路が張り巡らされ、多くは小中規模河川につながっている。これらはいずれも有望なライギョフィールドだ。

自転車を車に積み込み入り組んだ水路を巡る

クリークは適度に狭くて適度に浅いのでライギョの近くをフロッグが通りやすく、ビギナーでも釣果を得やすいフィールドだ。ライギョはクリークを

水路と河川をライギョは行き来している。地域ごとに水が動くタイミングを把握しておけば、ライギョとの距離がグッと縮まる

介して河川を自由に行き来するので、状況に応じて入ってきたり抜けたりを繰り返す。環境の変化に敏感で、水質や水温はもちろん水位や流れ、太陽の位置、風向きに反応して大きく移動する。必然的に同じ水系でも濃淡が生じるので、ライギョが集まる条件が揃っているエリアを選んで効率的にチェックしていく。

ちなみにクリークとひとくくりにしても、その目的や地域ごとに性質が大きく異なる。たとえば引き潮を利用して排水を繰り返す太平洋側のクリークに対して、干満差の少ない日本海側のクリークは水門を開ける回数が少ないので比較的水位が安定している。西日本では満水から干上がる規模の排水が行なわれるクリークもある。それぞれライギョの移動パターンも変わってくる。こうした性格を理解して、最もフロッグとライギョの距離が縮まるタイミングで釣行すると、高確率でアタッ

クリークが入り組んだ田園地帯で威力を発揮するのが自転車。丁寧かつスピーディーにフィールドをチェックできる。そして、シンプルに自転車フィッシングは楽しいのでおすすめ

クを引き出すことができる。

オープンウォーターやライトカバーでの釣り方は、ライギョを探しながらラン&ガンするか、目ぼしいポイントに腰を据えて泳いでくるライギョを待ち伏せする。水深は浅いほど釣りやすい。理想はクリーク河川ともに30㎝を切る激浅だ。1mもあるとライギョを探しにくく、底に沈んでいる個体はフロッグに反応して浮いてこない可能性がある。ラン&ガンしながら手早くチェックしていく場合は、太陽を背に受ける側に立って足元のシェードを撃っていく。自分の影が水面に落ちるなどして気配を悟られやすいので、ロングキャストが基本だ。

直線的に流れるクリークや小規模河川は一見すると変化に乏しくライギョの付き場が分かりにくいが、橋の下や流れ込み、木々のオーバーハングにはライギョが付きやすい。これにカバーやウィード、底の地形変化などが絡めば、さらに確率は高まる。

効率的にチェックしていくために、車の荷台に折り畳み自転車を積んでおきたい。自転車があれば歩きでは半日を要するエリアが1時間でチェックできるし、自動車を使ったラン&ガンのような大味にもならない。クリークが入り組んでいる水郷地域では、特に自転車は頼もしい相棒になる。

型をねらうなら小中規模河川に目を向けたい。規模が大きいのでポイントが絞り込みにくいもののライギョの数が多く、比例して大型の遭遇率も高い。水門や排水機場の周辺は地形が変化していて水も動くので、入れ替わり立ち替わりでライギョが姿を見せる。

ときおり跨げるほど狭いクリークから80㎝オーバーが出るケースもあるが、これは大型のライギョが生息する小中規模河川と溝レベルの水路が水門を介さず直結していれば普通に起こることだ。直結クリークは見逃せない。

驚くほど狭い溝でも、河川に直結していればライギョが入っている可能性がある。見過ごしがちなだけに、いれば食ってくる

池沼と潟湖の攻略

大型の潜む潟湖や田園地帯の池沼は、環境が安定しているので垂涎のカバーフィールドが多い。

平野部の皿池は、絶好のロケーションに遭遇しても惑わされずラン&ガンに徹したい。地形が変化しているインレット周りなど目ぼしいポイントを探ったら次の皿池を目指す

池沼や潟湖はライギョ釣りのメインステージだ。護岸されていない野池や沼はヒシやハス、アシなどの水生植物も多くてロケーションは抜群だ。手前から徐々に前方を探っていく教科書どおりのライギョ釣りが楽しめる。

皿池のラン&ガンがライギョ釣りの本流

とりわけエントリーしやすいのが平野部に散らばる農業用のため池や沼。地域によっては何百と存在するので、多くのアングラーが地図を片手にラン&ガンする。沼に関しては四季を通じて環境が安定しているのでライギョが生息しやすい一方で、ため池は冬の間に水を抜いて池干しすることがある。

ライギョは山間部の谷間をせき止めて造った谷池や山池ではあまり見かけず、平野部の皿池に多く生息している。河川が少ない田園地帯で見かける皿池は、堤で周囲を取り囲んでから掘り下げて造成したため池。農耕地の肥料などが流入するので水質が富栄養化してヒシやホテイアオイなどの水生植物が繁茂している。アングラー垂涎のロケーションは、山間の秘境ではなく田畑が広がる耕作地に点在している。

皿池は水路を介して谷池から水を引いているのでインレットが少なく、水門が閉まっている限りは降雨による濁りが生じにくい。用水が泥濁りして釣りにならない状況になっても、皿池を巡っていけば雰囲気のよいフィールドに遭遇できる可能性がある。

とにかくライギョを1尾釣ってみたいと思うなら、カバーのある皿池に釣行するのが一番手堅い。カバーに向かってフロッグを投げ続けていれば、必ず結果につながる。クリークと違ってミスキャストしても、前方にフロッグが飛んでいる限り食ってくる可能性がある。なお、小さな皿池でも水温の上昇や風の向きに合わせてライギョは動き回っている。インレットや風下のカバー周りなど、少しでもライギョにとって居心地のよい場所を探るとアタックを拾える。

野池でヒシなどの浮葉植物が岸沿いを覆っていたら近距離戦。静かに足元を探っていけば突然水面が炸裂する

なお、簡単に一周できるような小さな皿池は、当然ながらプレッシャーが掛かりやすいので、必要以上に叩かないことが肝心。一番おいしい時間帯にカバーのエッジに呼吸で浮かぶライギョをねらい撃ちするなど、フィッシングプレッシャーを最小限に抑えるよう釣り方を工夫したい。

真夏でもフルオープンのため池や調整池は見過ごされがちだが、周囲にコンディションのよいフィールドがあるなら等しくライギョはいるので、昼間にサイトゲームを展開すると思わぬ良型をキャッチできたりする。人が入っていないのでフィッシングプレッシャーも薄く、見つけたら釣りやすい。

潟湖はフィールドが大きいだけにライギョを見つけられないとアタックひとつ取れないが、確実にモンスターが潜んでいるという点は大きな魅力だ

海と一部がつながっている潟湖は、フィールドのスケールが大きくライギョも多い。ボラなどの汽水域の魚も入り込むのでエサが豊富で、健康的なコンディション抜群のライギョを目にできる。フィールドの規模が大きいだけに大型のライギョの数も多く、型ねらいに傾倒するアングラーは潟湖を好む。ただし、本湖と水路を自由に行き来するので、ある程度通わないとライギョを見つけにくい。射程内に入ってくるタイミングを把握している上級者向けのフィールドといえる。

ライギョ釣りの代名詞「ヒシ」

ライギョ釣りといえばカバーゲーム。カバーといえばヒシ。ヒシが揺れるたびに鼓動が速まる。

一面にヒシが広がるフィールドに立つだけでもしびれる。これでライギョをキャッチできれば感無量だ

ヒシはライギョ釣りの代名詞的な水生植物だ。水面を覆っている光景を前にすると胸を躍らせるアングラーが多いはず。ヒシは時期によって表情を大きく変えるので「パラビシ」「一枚ビシ」「一枚ビシ以上」と、3段階に分けて表現される。

ヒシの生え具合から見えない水中を推測

サクラの開花より半月から一ヵ月ほど遅れてヒシの新芽が水面に顔を出す。九州では4月上旬、北海道では6月上旬といったところか。パラビシの初期はカバーゲームが成立するほどの濃さではないので、新芽の間を泳ぐライギョをねらうサイトゲームになる。距離をとってのロングキャストもしくは草むらやアシなどに身を隠しながら近距離まで近づいてピッチングで食わせる。アクションはポーズを入れながらのドッグウォークやストップ&ゴー。

そして、陽気がよくなるにしたがって新芽はヒシらしい浮葉となり、勢力を広げていく。水面の半分ほどをヒシが占めるようになったライトカバーは、趣きもあって入門したばかりのアングラーが楽しむのにちょうどいい。

ヒシの成長は驚くほど早く、関東や中部でも6月上旬には水面を浮葉が覆い、絵に描いたようなライギョゲームが楽しめる。ライギョ釣りの醍醐味であるカバーの揺れが味わえるので、フロッグの動きとヒシの揺れが目視できる距離で勝負すると楽しめる。アクションはヒシの上を滑らせては止めるを繰り返す。薄い場所で食わせられるようになるとフッキング率は高まる。

ヒシで覆われたフィールドは水面下の状況が見えないので攻めどころが分かりづらいが、ヒシの生え具合から大まかに地形を読むことができる。浅場に芽吹いたヒシは成長が早く、深い場所から新芽を出したヒシは遅い。この違いでカバーに濃淡ができる。加えると、オープンエリアはヒシが芽を伸ばせないほど深いというわけだ。ヒシが濃い場所は浅くなっているので、ライギョが潜んでいれば間違いなく反応する。ただし、カバーが分厚くなるぶんライギョがフロッグの存在に気付きにくくなるので、ヒシの下に振動を伝えられるウエイトのフロッグを使うこと。

リトリーブ中にヒシが揺れたら、すぐさまフロッグを止める。そして、ライギョがフロッグをエサとして認識していれば、次のワンアクションでアタックしてくる。

梅雨が明けて真夏に突入するころには、幾重にも浮葉が折り重なる二枚ビシ以上のヘビーカバーに変貌する。攻略難易度は高く、食わせる場所をイメージしながら釣らないと、フロッグは弾き飛ばされるばかり。基本はショートキャストで盛り上がったヒシの隙間やポケットにフロッグを入れていく。アクションは隙間から隙間へ移動させてはシェイクの繰り返しだ。

なお、ヒシの茎が絡まりながらのファイトになるので、遠投した先でライギョを掛けると寄せるのに大変苦労する。タックルの破損も考えられるので、ビギナーは中距離までのキャストにとどめておき、決して無理をしないこと。なお、浮葉植物のガガブタやジュンサイ、アサザ、オニバスも基本的には同じ考え方で攻略する。

【ポイントの絞り込み】

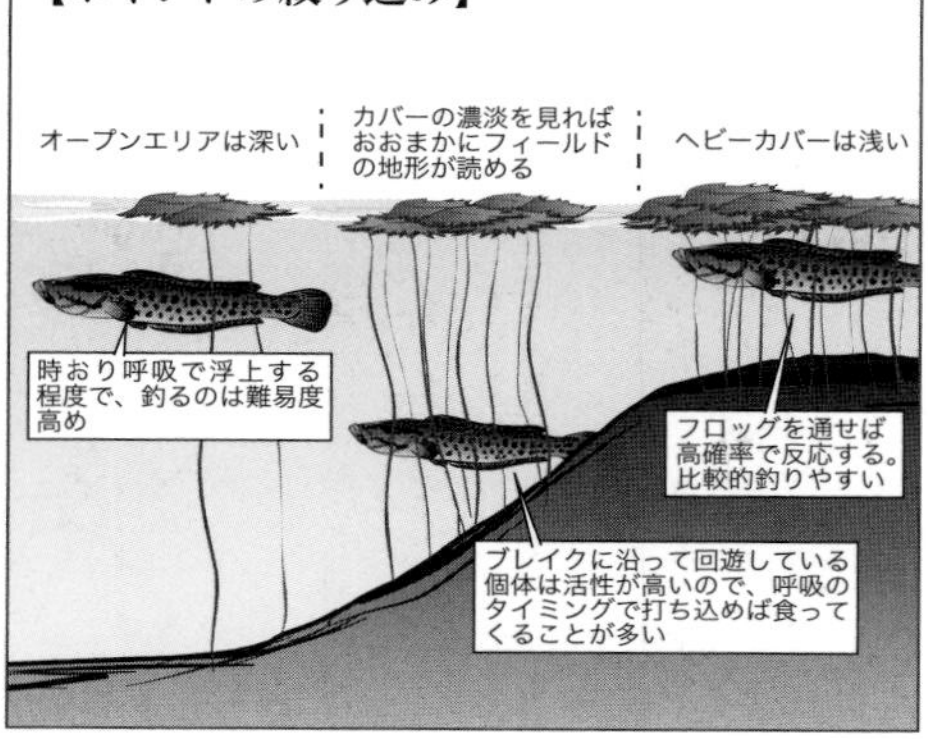
オープンエリアは深い
カバーの濃淡を見ればおおまかにフィールドの地形が読める
ヘビーカバーは浅い
時おり呼吸で浮上する程度で、釣るのは難易度高め
フロッグを通せば高確率で反応する。比較的釣りやすい
ブレイクに沿って回遊している個体は活性が高いので、呼吸のタイミングで打ち込めば食ってくることが多い

【ヒシでの基本的な釣り方】

ライギョの気配を感じたら同じ場所でチョコチョコ誘う
フロッグのうしろにライギョが付いたらヒシが揺れる

難攻不落の抽水植物「ハス」

カバーゲームの中でも攻略が難しいとされるハス。時期によって、その表情を大きく変える。

水面に浮く葉と立ち上がった葉が混在する垂涎のロケーション。ライギョも警戒心が薄いので、上手くフロッグを送り込めれば食ってくる

攻略が難しいハス。浮葉植物のように水面に浮くだけでなく、雄々しく立ち上がる立体的なカバーである。トゲの生えた太い茎が厄介で、いったん巻かれるとランディングは困難を極める。一筋縄では攻略できないカバーだ。

ハスは泥の堆積が進む沼や潟のメインカバー。大きな葉がフィールドを覆い、時に水面が見えないシチュエーションでの釣りとなる。ヤル気のあるライギョが多いものの、葉が視界を遮るのでライギョを見つけにくく、簡単にはアタックを引き出せない。そこがまた熱くなれる。

太い茎をかわして葉の下で食わせる

ハスのフィールドは大きく「朽ちた葉と茎が残っている春」「葉が水面に浮いている初夏」「葉が水面から立ち上がる盛夏」の3段階に分けられる。春の枯れハスはサイトゲームのフィールドとして申し分ない。初夏はヒシなどの浮葉植物と同じ攻め方が通用する。ハスが疎らに生えているフィールドで何枚も葉が重なって大きな陰を作っている箇所は、ライギョにとって格好の付き場。エサを待ち伏せるために入り込むのでヤル気があり、近くにフロッグを通せば何かしらの反応が得られる。

難しいのは大きく立ち上がる真夏のハス。繁茂の程度にもよるが、基本的にハスの葉が立ち上がったフィールドで遠投は封印する。立ち上がったハスが密生する場所にフルキャストしても、ラインを絡めるだけだ。掛けた後のファイトも難しいので、ライントラブルのリスクがある遠投は避け、自分の技術で100%ランディングできると確信する距離にとどめておきたい。

　ハスは抽水植物なので縦方向に伸びていく。立ち上がった葉の下には大きな空間ができるので、葉の上でフロッグを動かしても当然食ってこない。基本は手前のポケットや葉の下にピッチングでフロッグを送り込む。ハスの葉に視線を遮られ、なおかつ葉の下は光量も少ないので、オレンジやピンクなどのフロッグが使いやすい。葉の下にはオープンウォーターが広がっているので、アクションを付けやすい斜め浮きのフロッグがおもしろい。

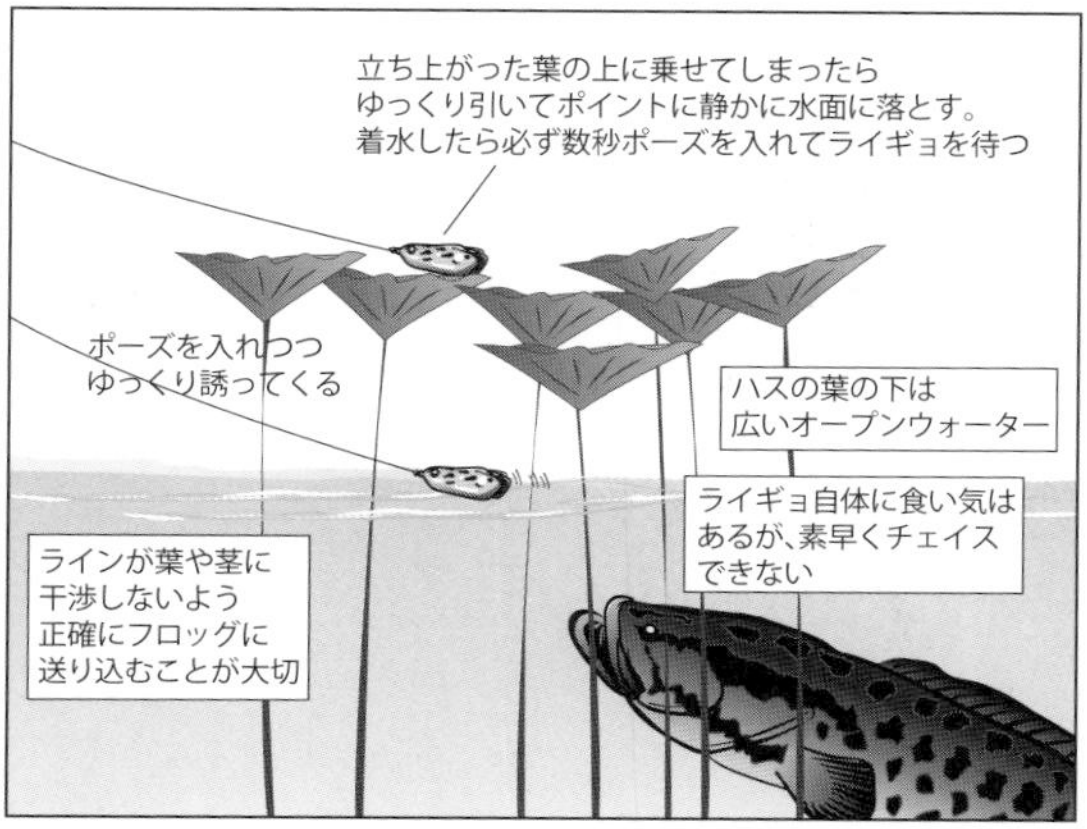
立ち上がった葉の上に乗せてしまったら
ゆっくり引いてポイントに静かに水面に落とす。
着水したら必ず数秒ポーズを入れてライギョを待つ
ポーズを入れつつ
ゆっくり誘ってくる
ハスの葉の下は
広いオープンウォーター
ライギョ自体に食い気は
あるが、素早くチェイス
できない
ラインが葉や茎に
干渉しないよう
正確にフロッグに
送り込むことが大切

　なお、キャストの前にフロッグを通すコースを考えておくことが肝要で、ピッチングで撃ち込むと同時に素早くメンディングを行なってラインを水面に置くこと。葉や茎にラインを引っ掛けない正確なキャストとメンディング技術が求められる。フロッグが葉の上に乗ってしまったら、できる限りソフトに落として数秒ポーズを入れる。

　ちなみにカバーの下を自由に泳ぐライギョといえどもハスの茎が行く手を阻むので移動速度は遅い。フロッグもライギョに合わせて遅めに動かすよう心掛ける。敬遠するアングラーが多いこともあってフィッシングプレッシャーは低く、フロッグに気づいたら遠くからでも寄ってくるので、長めのポーズを入れながら釣るといい。そしてフッキングは素早く。そのまま一気に引き寄せる。ちなみにラインが葉に掛かっている状態だとフッキングが決まらない可能性があるので、ピッチングのメンディングは丁寧に行なうこと。

ハスの茎は太くて鋭いトゲが一面に生えているので、太いPEラインといえども無理は禁物。傷のチェックも怠らないように

アングラーに人気の「ウキクサ」

**オープンとカバーの二面性を持つ
ウキクサは釣趣抜群だ。
小さくても集まれば絨毯になる。**

ウキクサは、フィールドで馴染みのある小さな浮遊性の水草。主に流れのない池や沼で生育しているが、田園地帯のクリークや河川でも普通に見られる。雨が降って水が動くと一緒に流れてしまう。昨日までウキクサで覆われていたフィールドが、一夜明けたらツンツルテンのオープンウォーターになっていた…なんてことも珍しくない。

しっかり水面が揺れて ファイトも満喫できる

水面を埋め尽くしてもヒシのようにフロッグの行く手を妨げることはなく、オープンウォーターに近い感覚でフロッグを引いてこれる。フロッグが風で流されることもないので釣りやすいカバーだ。アクションの基本はポーズを入れながらのタダ巻き。ラインを水面に落とさないようフワフワさせる誘いも有効だ。水面を覆っていればライギョとの距離も詰めやすい。

寄せてくる間に藻ダルマになるカバーフィールドに対して、水中に障害物のないオープンウォーターは派手なジャンプに力強いダッシュと、スリリングなファイトが味わえる。一方、カバーフィールドは何といっても前兆の揺れが魅力。フロッグの後ろにライギョが張り付く際にカバーが揺れる。そして次のアクションでカバーを突き破ってライギョがフロッグに襲いかかる。その迫力はカバーゲームならでは。

根付いていないウキクサは、どちらの魅力も備えている。ライギョがフロッグに付いたら揺れ、ヒットしたらダイナミックなファイトが味わえる。ウキクサがカバーの中で一番好きだというアングラーは多い。

ウキクサが敷き詰められたフィールドでは、ライギョに警戒されることなく水際に立つことができる

第4章

Chapter4

ライギョ釣りの愉しみ方

- 序盤戦に熱いサイトゲーム
- 難易度の高い呼吸撃ち
- 足元で食わせる近距離戦
- 大型を釣るスローフィッシング
- 釣趣が異なるライヒーを釣る
- サンデーアングラーの組み立て
- キャンプという選択肢

序盤戦に熱いサイトゲーム

ライギョ釣りの醍醐味はカバーゲームにあるが、水草が疎らな序盤戦はサイトゲームが熱い。

カバーに寄り添って浮いていたり水面近くを泳いでいるライギョを探して釣るサイトゲーム。キャストコントロールができるアングラーは次々とライギョをヒットさせる

見えている魚を釣るのは難しい。なぜなら魚からもこちらが見えているからだ。もちろん臆病なライギョも同じ。気配を悟られたら警戒してフロッグを食ってこない。だからこそスリリングなサイトゲームに傾倒するアングラーは多い。

最小限のキャストでねらい澄まして釣る

サイトゲームとは、水面下に見えるライギョをねらい撃ちしていく釣りだ。水面直下をクルージングしていたり、カバーの陰で棒のように浮いていたり、呼吸のために水面まで浮いてきたところをねらう釣り方で、主にオープンウォーターや水生植物が疎らに生えているライトカバーのフィールドで行なわれる。カバーやストラクチャーに付いているライギョは、身を障害物に委ねていることから警戒心が薄く、気配を悟られたりキャストでミスを犯さな

まずは浅い場所をクルージングしているライギョをねらってみるといい。挙動が分かりやすく、浮きライギョの中で最も釣りやすい

ければ比較的バイトに持ち込みやすい。ライギョの挙動を目視しながらねらい澄まして釣るのでゲーム性が高く、カバーゲームとは違った魅力がある。

サイトゲームのメリットは、キャスト数が極端に減るので釣り場に掛けるプレッシャーが大幅に軽減できることだ。サイズを選びながら釣っていくエキスパートならば、半日で数回しかキャストしないことも珍しくない。

釣り方の手順はシンプルだ。ライギョを見つけたらフロッグをキャストして、タイミングよく鼻先を通して食わせるというもの。書くのは簡単だが、実践するのは非常に難しい。水生植物の繁茂が疎らなシーズン序盤戦は、このサイトゲームのテクニックをマスターしているか否かで大きく成果が変わる。自分の引き出しを増やすつもりで、ぜひ挑戦していただきたい。

サイトゲームに入門するなら、まずはパラビシで練習するといい。多少風が吹いてもヒシの葉に引っ掛かってフロッグが止まってくれる。さらに少し足場が高いと広範囲を見渡せるのでライギョを探しやすい

気配を悟られないよう死角に回り込んで勝負

サイトゲームでは何を置いても最初にライギョを探さなければならない。フィールドのポテンシャルが低いとゲームが成立しないので、できる限り個体数の多いフィールドに足を運びたいところだ。そして、少し高い位置からフィールドを観察する。このとき水面の乱反射をカットする偏光グラスを掛けると水中が見やすくなる。偏光グラスのレンズカラーは、ライギョの体色に近いコパーやグリーン系を選ぶと

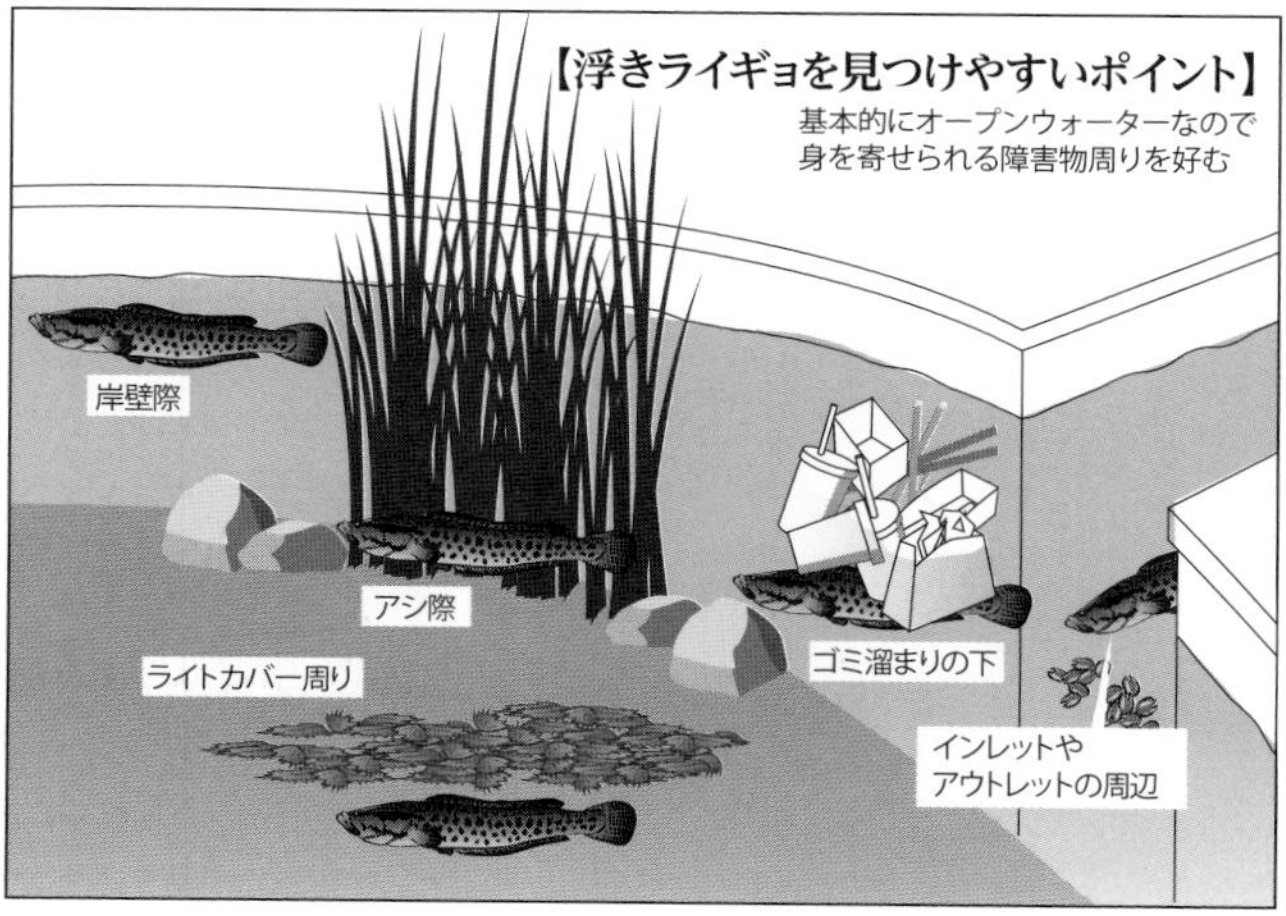
【浮きライギョを見つけやすいポイント】
基本的にオープンウォーターなので身を寄せられる障害物周りを好む
岸壁際
アシ際
ライトカバー周り
ゴミ溜まりの下
インレットやアウトレットの周辺

コントラストが鮮明になって魚影が浮き上がる。

水面下で動く影を探そうと一点を凝視していても見逃しがちなので、なるべく広い視野でフィールドを眺めることが秘訣だ。最初は水深が30㎝を切るような浅い河川や池のシャローで探してみるといい。ちなみに朝夕のマヅメ時よりも太陽が高い時間帯が探しやすい。水門や排水機場周り、カバーのエッジなどに黒い影が浮いていたらライギョかコイの可能性が高いので、気配を悟られないよう背を低くして射程内の死角に回り込む。ちなみに薄濁りでぼんやりと影が見える程度のほうが、こちらの気配を悟られにくい。

臆病なライギョは僅かな異変を察知して警戒するので、キャストする前にフロッグをトレースするコースをイ

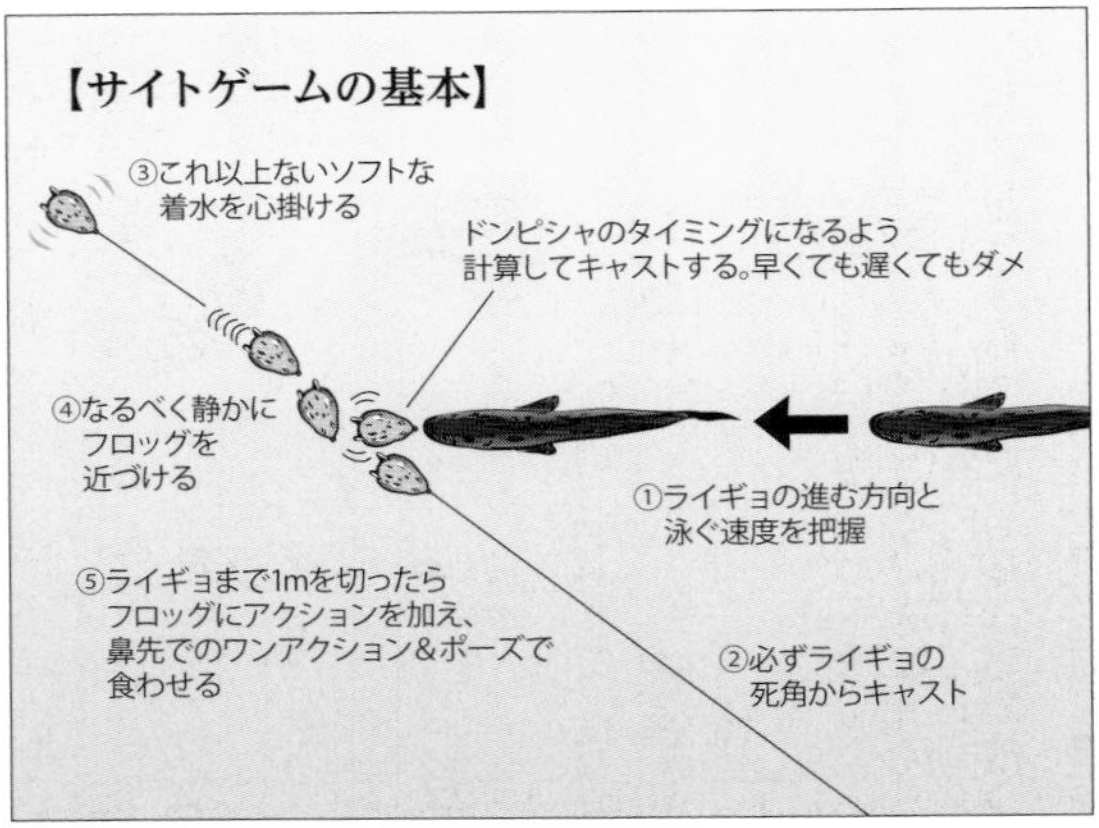
【サイトゲームの基本】
③これ以上ないソフトな着水を心掛ける
ドンピシャのタイミングになるよう計算してキャストする。早くても遅くてもダメ
④なるべく静かにフロッグを近づける
①ライギョの進む方向と泳ぐ速度を把握
⑤ライギョまで1mを切ったらフロッグにアクションを加え、鼻先でのワンアクション&ポーズで食わせる
②必ずライギョの死角からキャスト

サイトゲームはライギョを探せないと始まらない。ライギョが浮いていそうな場所が分かってきたら、カバーの僅かな変化を察知して見つけられるようになる

クルージングしているライギョをねらう場合は、進行方向と移動スピードを見て、ドンピシャのタイミングで鼻先にフロッグを通せるよう正確にキャストする

ねらいどおりにフロッグを入れられたら、泳いでくるライギョの鼻先に素早く近づける。リールはハイギアが有効

食った瞬間に鋭くフッキング。アタックしてくるところが見えているので、フッキングまでの時間がとにかく短く、フロッグを奥まで飲み込まれる確率も低い

ライギョが食うと踏んだら、鋭いフッキングを入れられるよう前傾姿勢になって食わせのアクションを入れる

メージして立ち位置を決める。そしてライギョを驚かさないよう頭側の2～3m奥にフロッグをポトリとキャスト。派手な着水はライギョが驚いて逃げてしまうので、キャストをコントロールして柔らかく着水させること。フロッグを水面に置くようなイメージだ。このときライギョにフロッグやラインの影を落とさないように注意する。ラインが魚体に被ったり、フロッグが直撃するような雑なキャストは問題外だ。

静かに着水できたら、ライギョを驚かせない程度のスピードでフロッグを近づけていく。このときアクションは入れない。1mほどに近づけたところでライギョにスイッチを入れるようにアクションをつけて、鼻先を通すタイミングを見計らってポーズからの大きめのワンアクションでバイトに持ち込む。この食わせるまでの一連の流れは、実際にフィールドで何度も失敗しながら経験を積んでいけばコツがつかめるはず。ライギョの挙動が見えているので、このアプローチなら食う、食わないなどが分かってくるはずだ。ちなみにフロッグが着水した時点で逃げるような状況は、すでに他のアングラーが叩いたと思われるので早々に見切って移動したほうがよい。

サイトゲームを楽しむにはライギョを見つけやすい時間帯にエントリーすること。一般的に好時合とされる朝マヅメはライギョが浮くには早く、サイトゲームには向かない。日差しがフィールドを温める午前10時ごろが本番だ

焦ると失敗するので いったん冷静になる

　イメージどおりに事が運べば勢いよくライギョはアタックしてくる。また、鼻先を通したときに食わなくても、魚体をうねらせるようにフロッグをチェイスしてきたらチャンスだ。ライギョが興奮しているので、そこからの演出次第でバイトに持ち込める。その一方でフロッグを追尾してくるものの、ヤル気なく魚体が伸び切っている状態だとほぼ食ってこない。魚体をうねらせてチェイスしてきたにもかかわらず、口先でフロッグをつついてくるだけで、あと一歩のところでアタックしてこないケースもある。完全な無風状態で水面が鏡のように穏やかなときによく見られるパターンだ。ほぼ見抜かれているので、フロッグを動かさない程度の小さなアクションを入れて食ってこなければピックアップ。フロッグのサイズを落としたりアトラクターを変えて投げ直すと食ってくることもある。ライギョが大きければ、これ以上プレッシャーを掛けないよう切り上げて、翌日に仕切り直すのも手だ。

　ちなみにライギョは大きくなるほど警戒心が強くなるので食わせづらくなる。サイトゲームで80cmを超えるサイズに口を使わせられるようになればエキスパートの仲間入りだ。なお、サイトゲームで最も重要なのが冷静沈着であること。焦ってキャストするとすべてを台無しにしかねないので、いったん落ち着くことが何よりも大切だ。冷静になったところで死角に回り込み、体勢を整えてキャストする。

　サイトゲームの天敵は風。水面がザワつくとライギョが見えづらくなり、ライギョも沈みがちになる。加えてラ

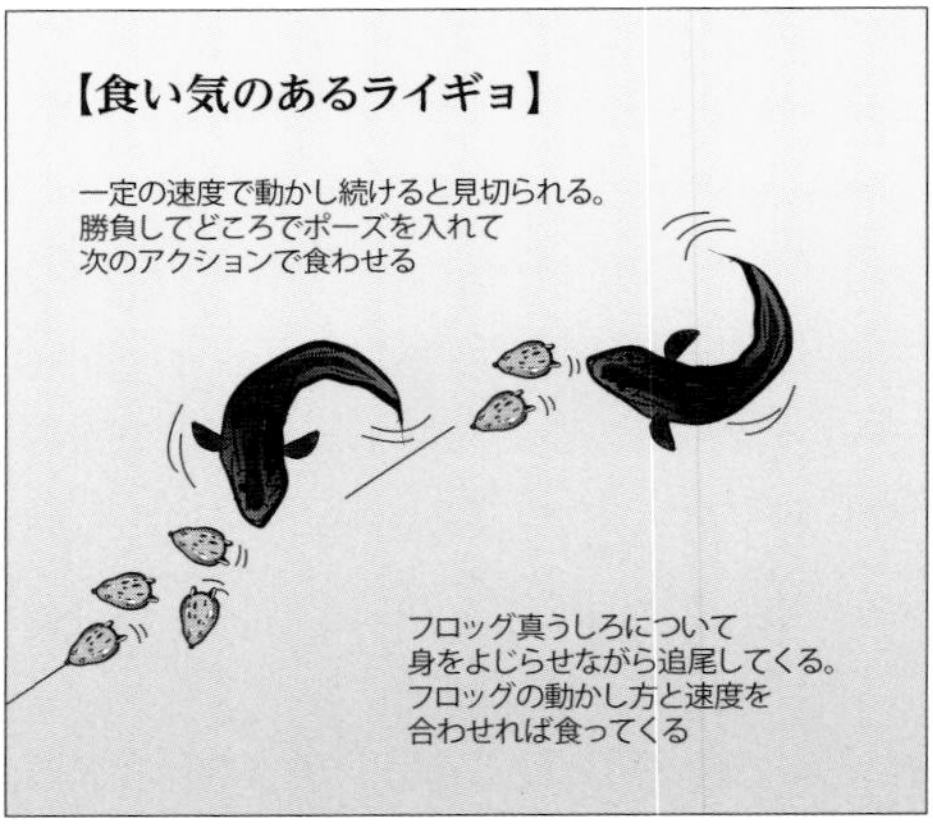
【食い気のあるライギョ】
一定の速度で動かし続けると見切られる。勝負してどころでポーズを入れて次のアクションで食わせる
フロッグ真うしろについて身をよじらせながら追尾してくる。フロッグの動かし方と速度を合わせれば食ってくる

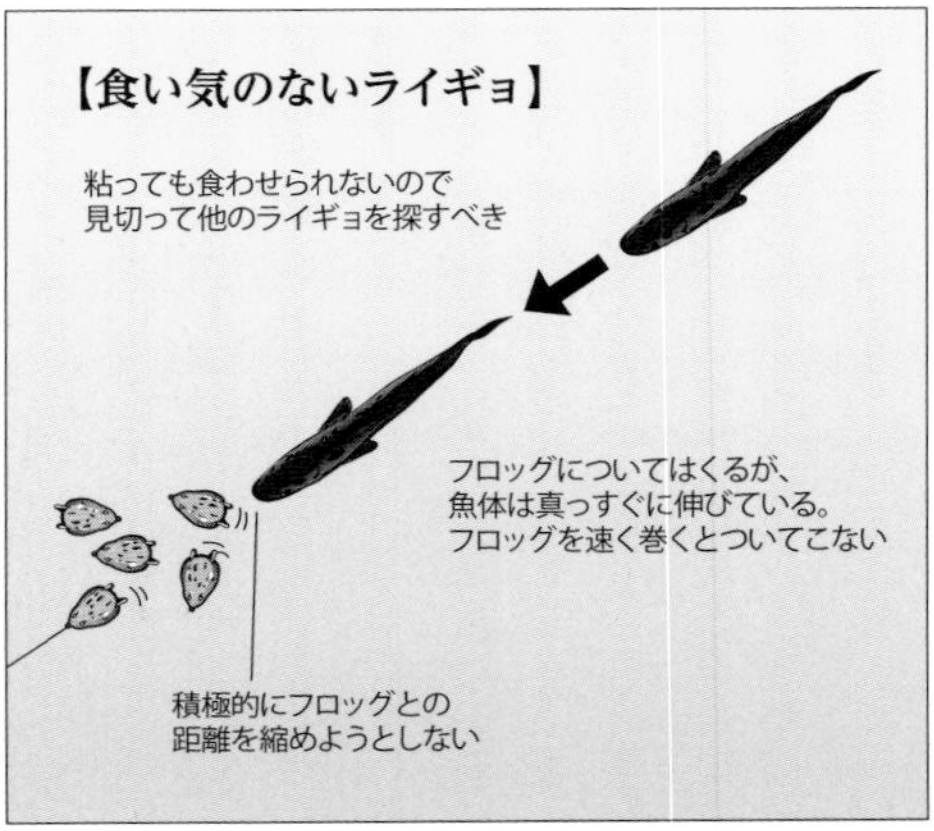
【食い気のないライギョ】
粘っても食わせられないので見切って他のライギョを探すべき
フロッグについてはくるが、魚体は真っすぐに伸びている。フロッグを速く巻くとついてこない
積極的にフロッグとの距離を縮めようとしない

インが風に取られてキャスト精度が落ちるし、風に押されてフロッグをライギョの鼻先でポーズさせられない。夏は午後から南風が吹くことが多いので、午前10時からお昼過ぎまでが勝負どころだ。

　また、ライギョが泳いでいく先に小さなカバーやゴミ溜まりがある場合、必ず下に入って足を止める。あえてオープンウォーターで勝負に出ず、ブラインドを活かして食わせられるカバーに入るまで待つといい。間違いなくカバーに入ると思ったら、先回りしてフロッグをカバーの上に置いておくとよい。カバーの下に入ったところで軽くフロッグにアクションを加えると、カバーを突き破るように食ってくる。ライギョとの間にブラインドがあるだけでヒット率は大幅にアップする。

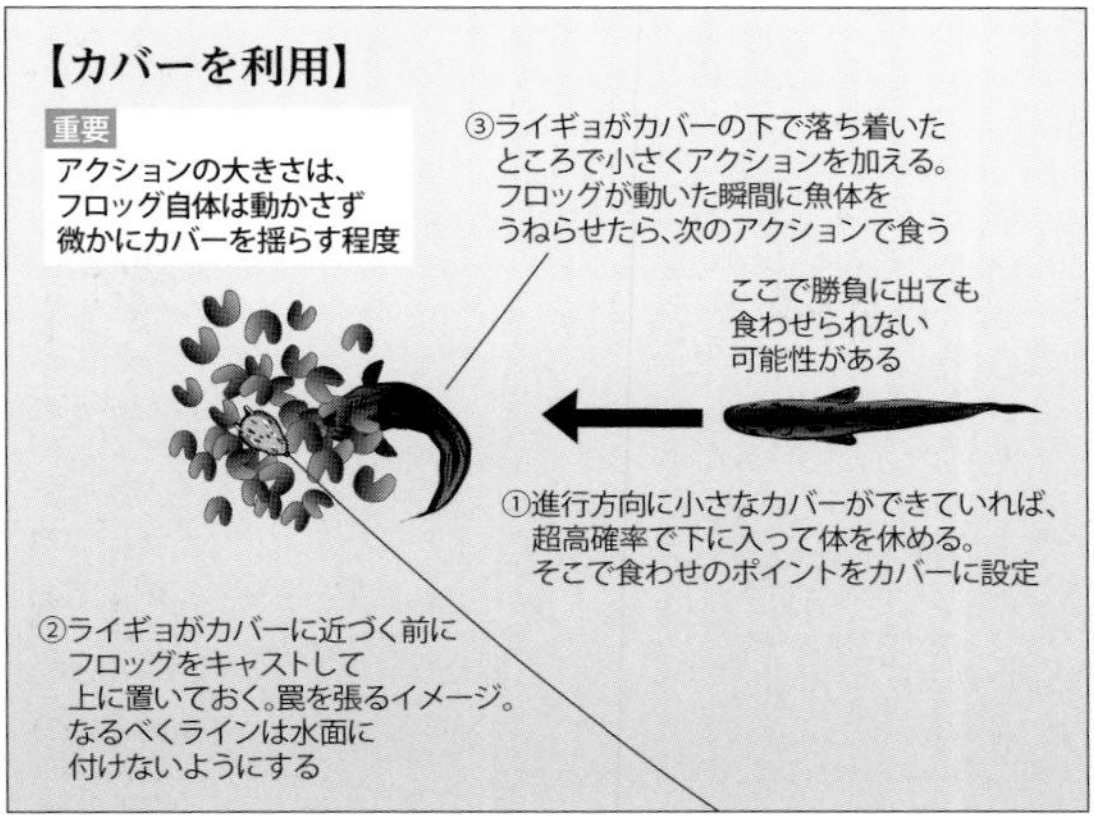
【カバーを利用】
重要
アクションの大きさは、フロッグ自体は動かさず微かにカバーを揺らす程度
③ライギョがカバーの下で落ち着いたところで小さくアクションを加える。フロッグが動いた瞬間に魚体をうねらせたら、次のアクションで食う
ここで勝負に出ても食わせられない可能性がある
①進行方向に小さなカバーができていれば、超高確率で下に入って体を休める。そこで食わせのポイントをカバーに設定
②ライギョがカバーに近づく前にフロッグをキャストして上に置いておく。罠を張るイメージ。なるべくラインは水面に付けないようにする

　難易度が高いのは、対岸のアシや護岸の際に張り付くようにライギョが浮いている場合。魚の奥に投げられないからといって強引に鼻先にキャストしても、着水音に驚いて逃げてしまうことが多い。絶妙な力加減とコントロールが求められる。護岸の上やアシの中にキャストして、そこから水面へ慎重に落とすのが常套手段だが、大きいライギョは食ってこない可能性が高いので、一か八かの勝負は避けるべき。面倒でも対岸まで大きく回り込むか、ライギョが動くまで息を殺して待つのが賢明だ。

　サイトゲームはカバーゲームを王道とするライギョ釣りにおいては異端のスタイルかも知れないが、ライギョのフィールドに開発の手が入っている限り、今後もオープンウォーターが増えていく。ライギョと遊ぶためにも、マスターしておきたいスタイルだ。

プレッシャーの掛かったライギョは、悠々と泳ぎまわるような大胆な行動をあまりとらず、アシ際や岸壁に張り付いている。攻めるには難易度が高い

難易度の高い呼吸撃ち

ライギョが空気を吸いに浮上してきたところを鋭いキャストで撃ち抜く。それはまるで狩りだ。

ライギョが浮上してきたところを鋭いキャストでねらっていく呼吸撃ち。排水機場前のプールや中規模クリークといった素早くフロッグを送り込めるフィールドの規模も重要

第一章でも触れたようにライギョは定期的に浮上し、水面から口先を出して直接空気を取り込む。この呼吸をねらい撃つ釣り方が、サイトゲームの中でもひと際マニアックな「呼吸撃ち」だ。底に張り付いていたライギョが浮かび上がって空気を吸ったタイミングでフロッグを鼻先で激しくアクションさせると、反射的にアタックしてくるのだ。浮いてきたライギョが空気を吸って再び頭を下に向けて潜行するまで僅か数秒。一発でキャストを決めて反射食いを誘うスタイルは、釣りというよりもハンティングに近い。

いち早く浮上を察知して潜行の前に鋭いキャスト

アングラーには、浮き上がってくるライギョをいち早く察知するスキル、ライギョが呼吸する前に素早く正確にキャストしてソフトにフロッグを着水させるコントロール、ライギョが呼吸を終えて潜行するまでにフロッグを鼻先に通して反射的に食わせるテクニックが求められる。非常に難易度の高い釣り方だが、「釣れた」という偶然的な要素が一切排除され、ねらって「釣った」という達成感を得られる。

釣り方の基本はサイトゲームと同じ。底から水面を目指して浮いてくるライギョをいかに早い段階で見つけられるかによって、その後の展開が大きく変わる。水面にライギョらしき影が浮いてきたら、素早くライギョの向きを確認して、頭から1mほど奥にキャスト

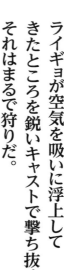

を決める。そして、着水と同時にライギョの鼻先にフロッグを移動させてアクションを加える。キャストして鼻先までフロッグを持ってくるまでにライギョは呼吸を終えているが、タイムラグが少ないほどバイトに持ち込みやすい。ライギョが頭を下に向けて潜行を開始した時点でヒット率は極端に下がるので、まさに1秒の遅れが明暗を分ける。

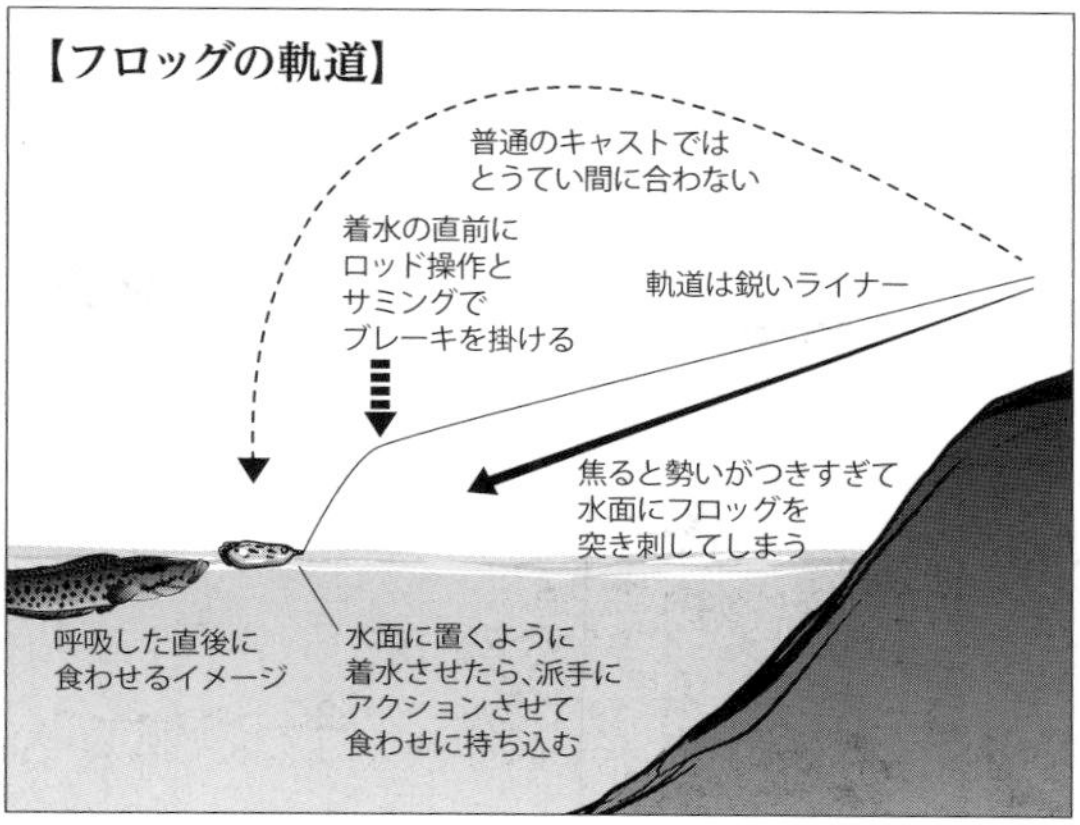
【フロッグの軌道】
普通のキャストでは
とうてい間に合わない
着水の直前に
ロッド操作と
サミングで
ブレーキを掛ける
軌道は鋭いライナー
焦ると勢いがつきすぎて
水面にフロッグを
突き刺してしまう
呼吸した直後に
食わせるイメージ
水面に置くように
着水させたら、派手に
アクションさせて
食わせに持ち込む

最初の呼吸を見逃して冷静に次の浮上を撃つ

呼吸撃ちは、フィールドの水深によって釣りやすさが大きく異なる。浅ければ浅いほど潜行する角度が緩くなるのでライギョがフロッグに気づきやすい。水面直下をクルージングしているライギョにいたっては見えているので呼吸のタイミングを捉えやすく、呼吸後も沈まないので呼吸撃ちでねらうターゲットとしては食わせやすい。

テクニックが求められるのは、斜め姿勢で浮いてきて呼吸したあと頭を下げて潜行していくライギョをねらうパターンだ。浮上に気づいてから山なりのキャストをしているようでは問題外だ。野球で例えるならクイックモーションのように動作をコンパクトにし

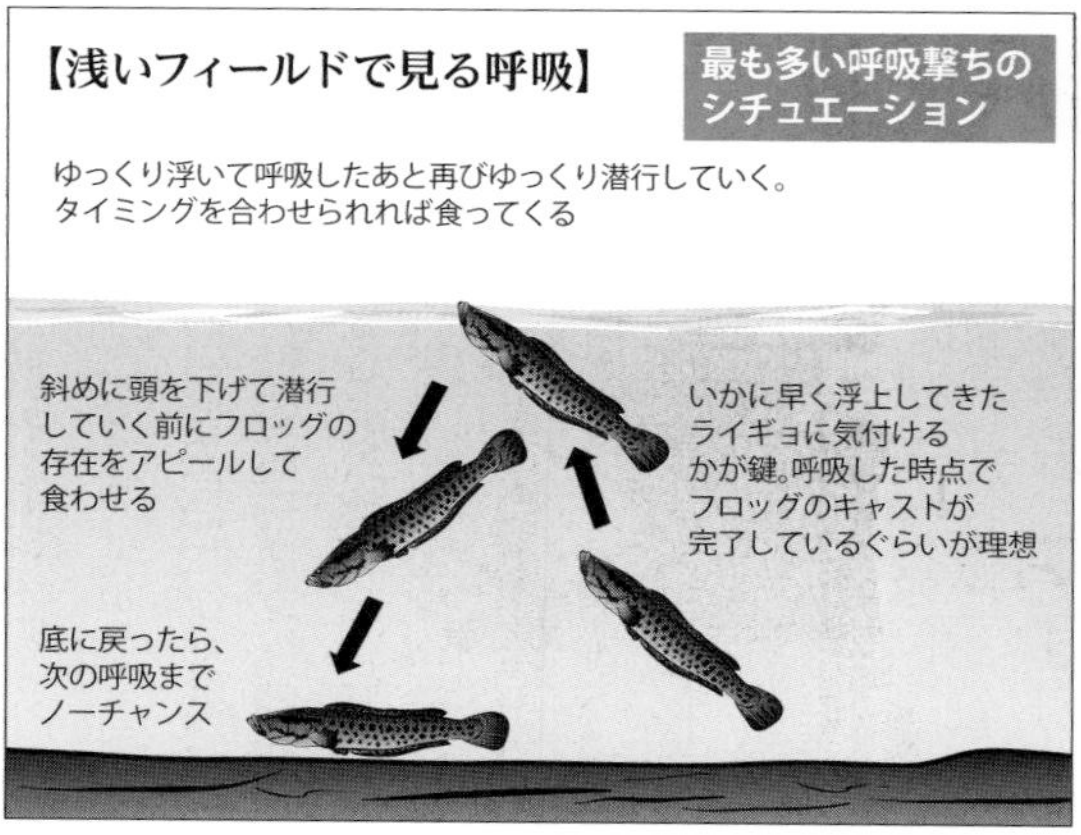
【浅いフィールドで見る呼吸】
最も多い呼吸撃ちの
シチュエーション
ゆっくり浮いて呼吸したあと再びゆっくり潜行していく。
タイミングを合わせられれば食ってくる
斜めに頭を下げて潜行
していく前にフロッグの
存在をアピールして
食わせる
いかに早く浮上してきた
ライギョに気付ける
かが鍵。呼吸した時点で
フロッグのキャストが
完了しているぐらいが理想
底に戻ったら、
次の呼吸まで
ノーチャンス

呼吸した直後のライギョは一時的に活性が高くなるようでフロッグに好反応を示す。タイミングを合わせられれば食ってくる

て鋭くキャストする。速度の速いライナー性の軌道で、なおかつソフトに着水させるため、呼吸撃ちには取り回しのよいショートロッドが向いている。ライギョが頭を下げる前にフロッグの存在に気付かせることが大切。チャンスは1回なので一発で決めること。

特に水深のあるフィールドは、ライギョが立つような姿勢で浮上して、ダイバーが海に潜るように身をひるがえして急潜行していくので食わせるのは大変難しい。

フィールドはオープンウォーターやパラパラと浮葉が水面に出ている程度の浅いライトカバーが理想。呼吸のために水面に浮いてくるライギョをねらい撃つので、土手の上など足場の高い場所でサオを構える

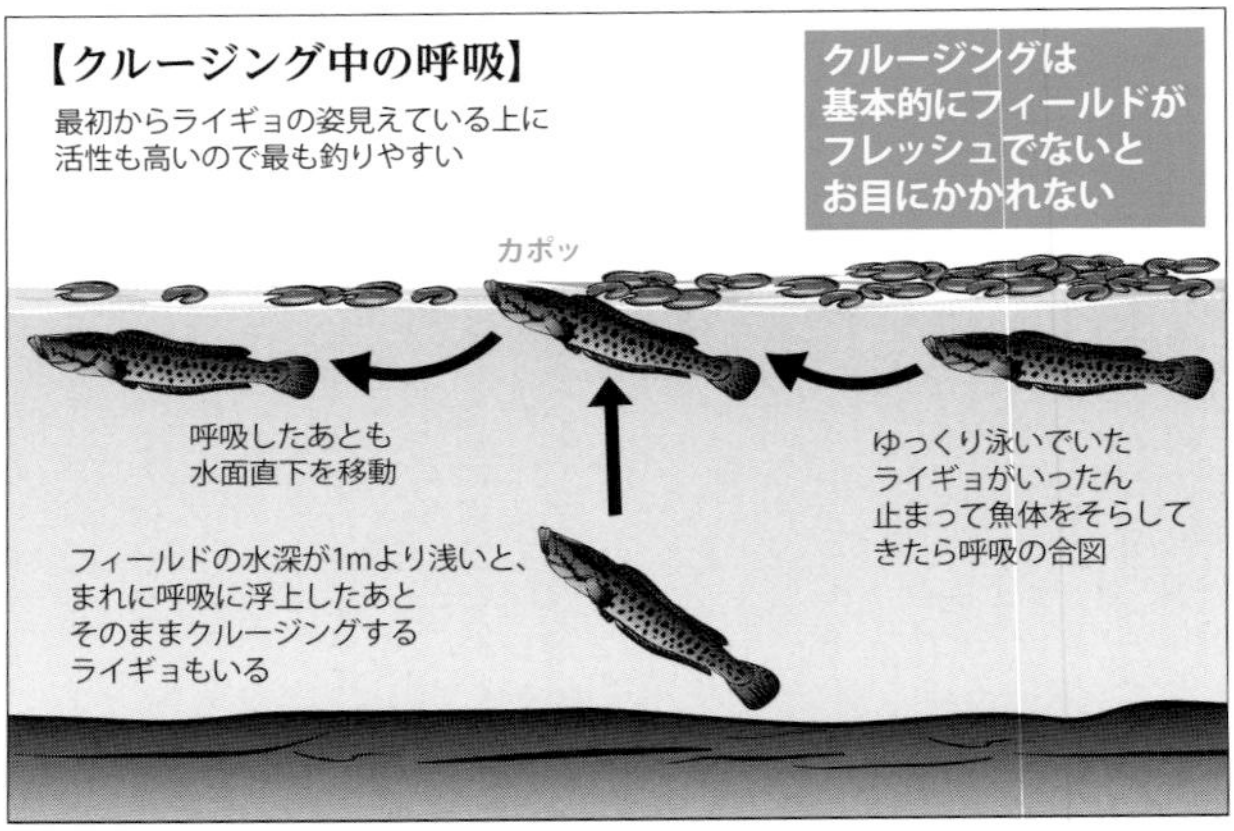
【クルージング中の呼吸】
最初からライギョの姿見えている上に
活性も高いので最も釣りやすい
クルージングは
基本的にフィールドが
フレッシュでないと
お目にかかれない
カポッ
呼吸したあとも
水面直下を移動
ゆっくり泳いでいた
ライギョがいったん
止まって魚体をそらして
きたら呼吸の合図
フィールドの水深が1mより浅いと、
まれに呼吸に浮上したあと
そのままクルージングする
ライギョもいる

波紋や呼吸の音で浮上に気づいた場合は、すでにライギョは潜りかけているが諦めるには早い。腹打ちするようフライ気味にキャストして、パコーンと音を立てるように着水させたら、引き波を立てるようにフロッグを1mほど引いてみる。着水音と引き波の波動によって、ごく稀にライギョが水面に戻ってくる。アピールが弱いと気付かないが、誘いが強いと逃げてしまうのでエキスパートでも成功率は高くない。それだけ頭を下に向けて急角度で潜っ

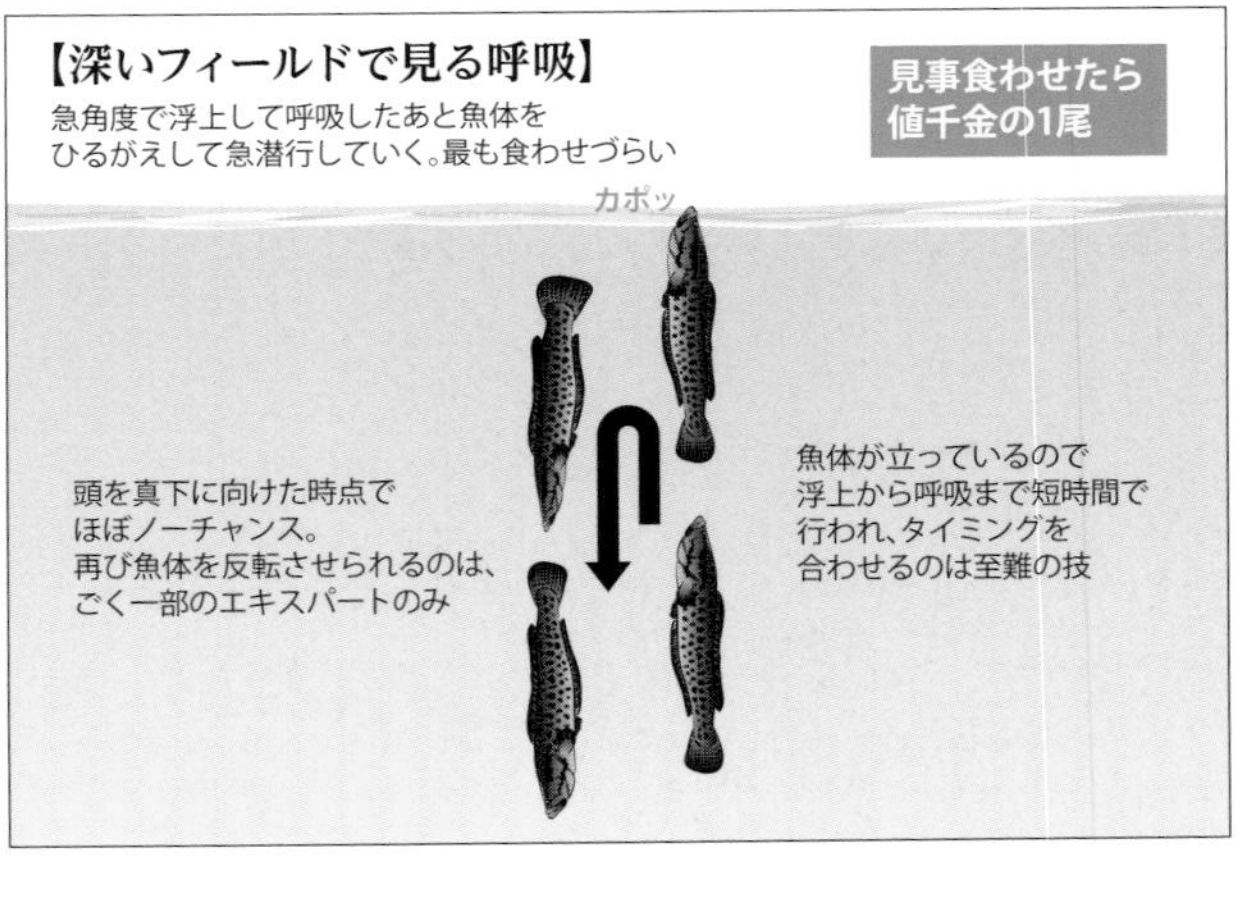
【深いフィールドで見る呼吸】
急角度で浮上して呼吸したあと魚体を
ひるがえして急潜行していく。最も食わせづらい
見事食わせたら
値千金の1尾
カポッ
頭を真下に向けた時点で
ほぼノーチャンス。
再び魚体を反転させられるのは、
ごく一部のエキスパートのみ
魚体が立っているので
浮上から呼吸まで短時間で
行われ、タイミングを
合わせるのは至難の技

ていくライギョを釣るのは難しい。
呼吸撃ちの秘訣は、サイトゲームと同じで焦らないこと。１秒でも早くキャストしなければ食わせられないという気持ちが先行すると、アプローチを失敗する可能性が高い。反射的に体を反応させて正確にキャストを決める自信がないうちは、最初の呼吸をスルーするといい。ライギョが沈んでしまったらチャンスがついえると思いがちだが、待っていれば次も近くで呼吸に浮上するので、心の準備をして待ち構えておくだけで確率は大幅にアップする。ライギョとの距離が離れていた場合も同じ。呼吸したあとにライギョが潜行していく方向を覚えて先回りしておけば、次の呼吸で食わせられるかも知れない。

難易度的にビギナー向けの釣り方ではないが、ハンティングに近いゲーム性は熱くなれること請け合い。サイトゲームでライギョに口を使わせられるようになってきたら、ぜひ挑戦してほしい。

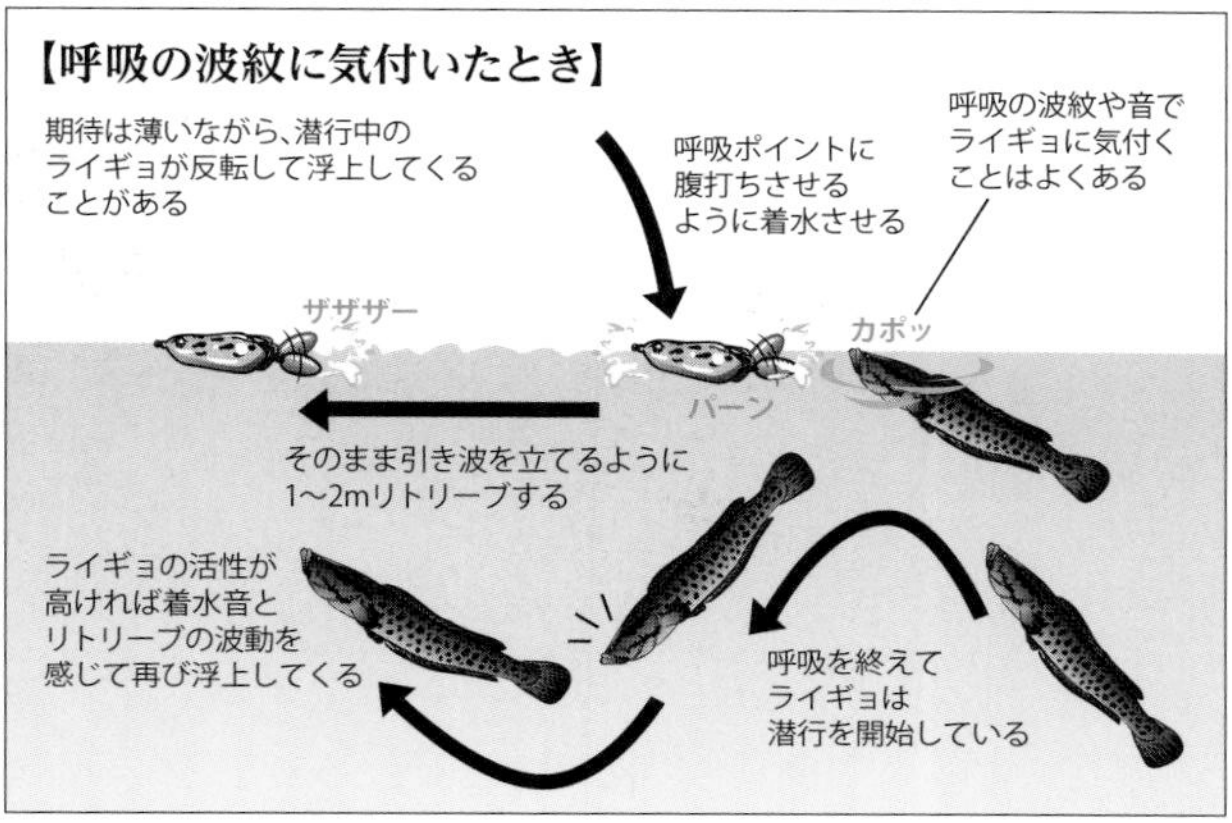
【呼吸の波紋に気付いたとき】
期待は薄いながら、潜行中のライギョが反転して浮上してくることがある
呼吸ポイントに腹打ちさせるように着水させる
呼吸の波紋や音でライギョに気付くことはよくある
ザザザー
カポッ
バーン
そのまま引き波を立てるように1～2mリトリーブする
ライギョの活性が高ければ着水音とリトリーブの波動を感じて再び浮上してくる
呼吸を終えてライギョは潜行を開始している

浮いてくるライギョを見つけたらライナー軌道の鋭いキャストで一発勝負。１秒でも対応が遅れると食わないので、アングラーには優れた反射能力と集中力が求められる

足元で食わせる近距離戦

気配を悟られぬよう
接近してアプローチする近距離戦。
警戒心の高いモンスターをも攻略する。

離れた位置からのアプローチはライギョを釣るのに有効だが、フロッグの着水音が大きくなって警戒させてしまうケースもある。近距離離戦ならソフトにプレゼンテーションできる

数ある戦術の中でも特別エキサイティングな近距離戦。ライギョとの間合いが近く、目の前で水面が炸裂するその迫力は足が震えるほどだ。ライギョに気配を悟られぬよう距離を詰めて、極めてソフトなプレゼンテーションでフロッグを送り込む。警戒心の強いモンスター攻略に威力を発揮する。

死角から距離を詰めて静かにフロッグを置く

近距離戦とは、足元の護岸際やアシ際にできたシェードに身を寄せているライギョに忍び寄り、アプローチする釣り方だ。超至近距離からルから以前は忍者釣法とも呼ばれていた。接近戦のエキスパートは、時にゼロ距離まで近づいてフロッグを鼻先にそっと置く。近づく途中でライギョに気配を悟られやすいが、上手く接近できれば離れた位置からのアプローチでも口を使わない大型がためらうことなくフロッグにアタックしてくる。

近距離戦はキャストしても軽いピッチング程度。リールからラインを出す必要がないほど近づくことも多いので、ライギョの鼻先にフロッグを静かに置くことができ、極めて繊細なアクションで誘うことが可能。ロッドを高くホールドさせることでラインを水面に触れさせることなく誘いを入れられるので、ライギョを警戒させにくい。

手順は単純明快で、岸際に張り付くライギョを見つけたら、死角から物音を立てないよう近づいて、フロッグを

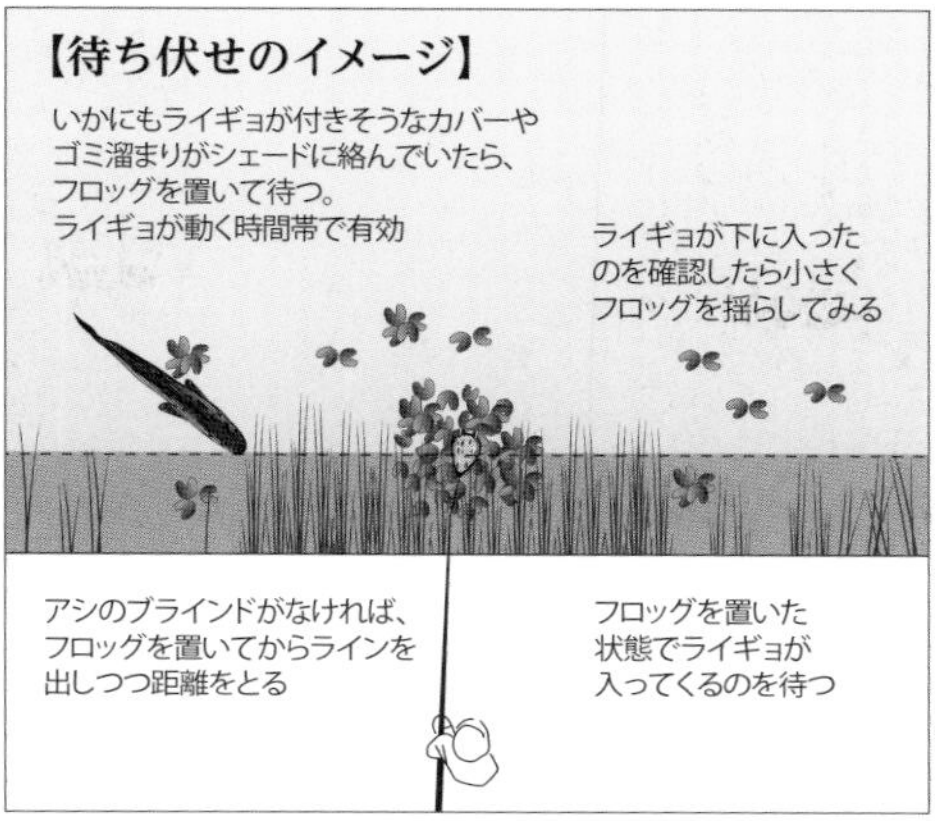
【待ち伏せのイメージ】
いかにもライギョが付きそうなカバーやゴミ溜まりがシェードに絡んでいたら、フロッグを置いて待つ。ライギョが動く時間帯で有効
ライギョが下に入ったのを確認したら小さくフロッグを揺らしてみる
アシのブラインドがなければ、フロッグを置いてからラインを出しつつ距離をとる
フロッグを置いた状態でライギョが入ってくるのを待つ

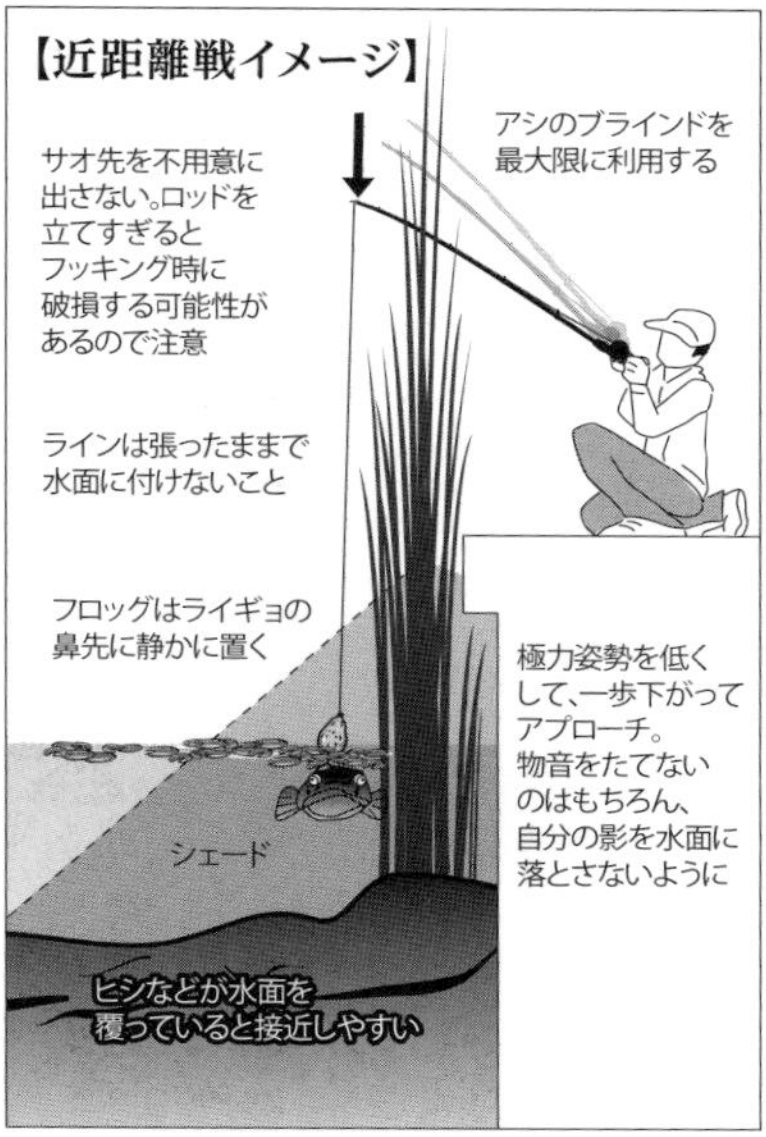
【近距離戦イメージ】
サオ先を不用意に出さない。ロッドを立てすぎるとフッキング時に破損する可能性があるので注意
アシのブラインドを最大限に利用する
ラインは張ったままで水面に付けないこと
フロッグはライギョの鼻先に静かに置く
極力姿勢を低くして、一歩下がってアプローチ。物音をたてないのはもちろん、自分の影を水面に落とさないように
シェード
ヒシなどが水面を覆っていると接近しやすい

ライギョの鼻先に送り込むというもの。注意して近づいたつもりでも気配を察知して逃げられることが多いと思うが、距離の詰め方に関しては、場数を踏んでつかんでいくしかない。

　足元のシェードに身を寄せているライギョをねらうので、背中から太陽を受けるシチュエーションでの釣りが基本となる。ただし、注意しないと自分やロッドの影を水面に落としてしまうので、ライギョに気配を悟られやすい。水面に影を落とさずライギョが付いているシェードをねらえるポジション取りが重要だ。

　ライギョとの距離を縮める際は、くれぐれも慎重に。ハイプレッシャーなフィールドでは、コンクリートの上に散らばる石を踏みつけるだけでもライギョは警戒してシェードから姿を消す。音が出ないようブーツを脱いでライギョとの距離を詰めるエキスパートもいるほどだ。近距離戦の条件としては、人の気配を消してくれる風のある日が望ましい。夏の午後は南風が吹くので条件としては申し分ない。

　使うフロッグはダンゴが多い。オープンウォーターであれば10g程度の軽め。カバーの上に乗せるのであれば弾かれるリスクを軽減するため15g前後を推奨。置くときはくれぐれもゆっくり。ヒシやガガブタが岸際に薄く生えているならば、浮葉の隙間に入れるように置くといい。

　こちらから接近するのが難しいと感じたら、ライギョが身を寄せそうなカバーにフロッグを置き、ライギョが付くまで息を潜めて待ち構えるのも手だ。アシなどのブラインドを利用して待ち伏せて、ライギョが真下に来たらチクッと動かす。ほぼ一撃で食うはずだ。

大型を惑わせるスローフィッシング

スローに徹する。いつか夢の90cmを超えるモンスターを獲るために覚えておきたいスタイルだ。

普通に誘っても見切られることが多いモンスターを惑わせるスローフィッシング。動かさないことは誰にでもできそうだが、これが実に難しい

サイズを求めてコンディションのよいフィールドに遠征するエキスパートたちは、コンスタントに90cmオーバーをキャッチしている。正攻法で釣れないこともないが、モンスタークラスは一筋縄では食ってこないので、さまざまな攻略法を実践している。中でも独特な釣り方がスローフィッシングだ。

着水したら3分待ち小さく1アクション

サイズをねらう場合、最も重要なのはフィールドのポテンシャルである。エントリーするフィールドに大型のライギョがいなければ話にならない。フィールドを回りながら確認できればいいのだが、大型のライギョは簡単に姿を現わさない。それなりに規模の大きいフィールド、たとえば潟湖や大河川ならば90cmクラスがいると思われるが、大場所はポイントの絞り込みが難しい。可能であれば多少でもライギョの動きが読みやすい池や沼をピックアップしたい。目ぼしを付けたら腰を据えて情報収集。実際に姿が拝める可能性もあるが、呼吸や捕食の音からフィールドのポテンシャルを推測する。

下調べで場所を決めたら、続いてフィールドの地形を読む。地上の地形やカバーの濃淡から、おおよその変化を把握する。ポイントを絞り込んだところでフロッグをキャスト。春なら水温の上がりやすい浅場、夏ならインレットやシェードを絡めておきたい。

なお、いくらフィールドのロケー

ションが素晴らしくても、無闇にキャストを繰り返さないことが大切。閉鎖水域はプレッシャーが掛かりやすく、キャストを重ねるほど釣りにくくなる。どのコースをたどってライギョが動いているのか分からないままキャストを繰り返すと、気づかないうちにストレスを与えている可能性がある。

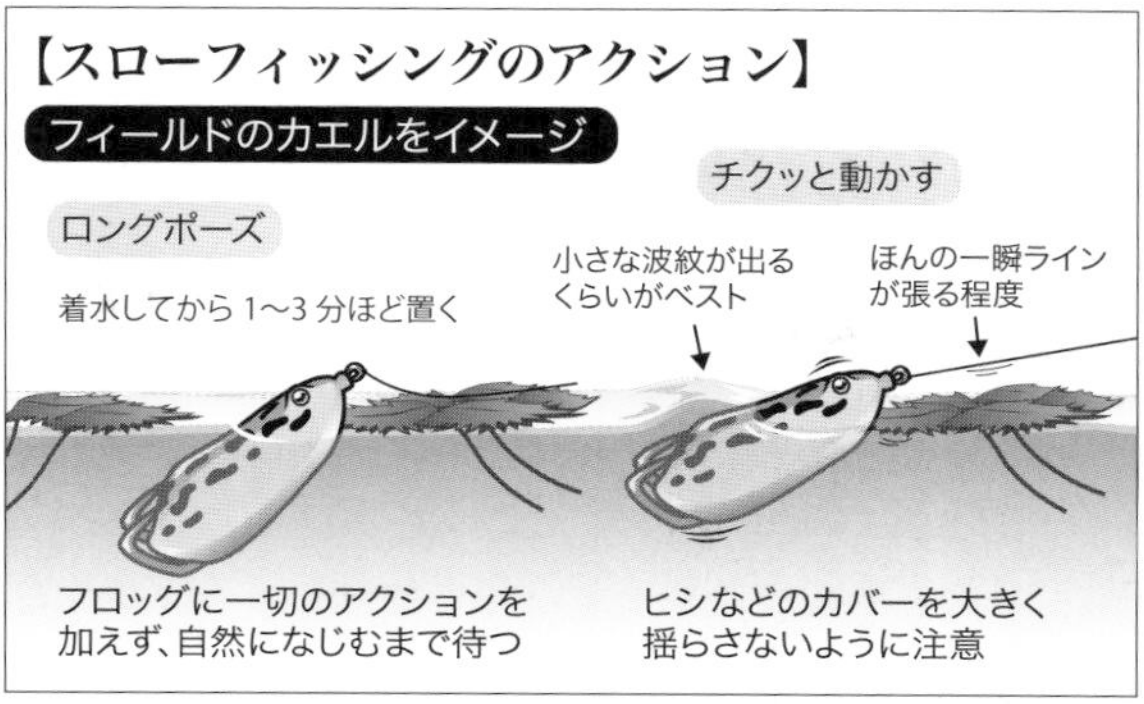
【スローフィッシングのアクション】
フィールドのカエルをイメージ
ロングポーズ
着水してから1～3分ほど置く
チクッと動かす
小さな波紋が出る
くらいがベスト
ほんの一瞬ライン
が張る程度
フロッグに一切のアクションを
加えず、自然になじむまで待つ
ヒシなどのカバーを大きく
揺らさないように注意

現在のライギョ釣りシーンにおいて、多くのアングラーが目標としているサイズが90㎝。今はビギナーでも、いつかは手にしたい

　ライギョがスレていないフィールドならば、フロッグの存在を気付かせるよう軽くヒシを揺らしながらテンポよく引いてくる。スレている場合もリアクションねらいで素早く動かす。ポーズを織り交ぜて、スピードにメリハリを付けることがキモだ。

　そして、極めつけがスローアクション。とにかくスローに動かしてフロッグの気配を消す。ここぞという場面で有効だ。手順は簡単。フロッグをねらったポイントにキャストしたら静かに待つ。おおよそ3分。そして、フロッグが自然に溶け込んだ頃合を見計らって、ロッドで小さく1アクション。そのポイントにライギョが入っていれば、一撃で食ってくる。フロッグの存在に気付かずキャストのあとに入ってきたライギョは間違いなく食う。

　1アクション目で反応がなければ、再び1～3分置いてから同じように小さくアクションを入れる。1アクション目の波動に反応して寄ってきたライギョが、この2アクション目に食ってくる。ちなみにアクションは、小さな波紋が出る程度。フロッグは手前に動かさない。この2回の誘いで食ってこなかったら、フロッグを20～30㎝動かして再び同じ動作を繰り返す。これをポイントから外れるまで続ける。1キャストに30分、時にはそれ以上の時間を使うが、その効果は絶大だ。

　なお、スローな釣りを展開していると、多くの場合はカバーを揺らすことなく突然アタックしてくる。動揺してフッキングミスしないよう集中する。

釣趣が異なるライヒーを釣る

小型種ながらライヒーは実に釣趣深い。カムルチーとはベクトルの異なるスピード感が魅力だ。

美しい斑紋をまとったライヒー。顔つきが優しいので性格も穏やかかと思いきや、素早い泳ぎでフロッグをチェイスしてくる

日本には3種類のライギョが生息している。カムルチーとライヒー、そしてコウタイだ。カムルチーとライヒーは古くからアングラーに認知されており、我々はまとめて「ライギョ」と呼んでいる。ライヒーは明治の終わりに台湾から大阪府に持ち込まれ、現在もカムルチーが入っていない、もしくは少ない農村部のため池に分布している。小中規模河川を経由して行き来できるような水郷地帯では大型種のカムルチーに追いやられており、魚が移動しづらいフィールドに限って見ることができる。比較的温暖な気候を好むことから、日本が世界の北限となっている。

リズミカルに動かして勢いを止めず食わせる

ずんぐりとした愛嬌のある顔立ちに鮮明な3列の斑紋が特徴。その姿は純粋に美しく見惚れてしまうほどだ。なかなか60㎝を超えない小型種だが、泳力が強くて鋭い走りを見せてくれる。カムルチーとは姿形こそ似ているが、内面は非なる魚でタックルや釣り方も異なる。

泳ぎの速いライヒーの釣趣を楽しむならライトカバーでのサイトゲームがおもしろい。チェイスの勢いのままバイトに持ち込むので、カムルチーとは駆け引きが異なる

もちろんタックルはライギョ用を使用するが、ヘビーカバーでカムルチーをねらうような剛竿は使わない。正確かつ素早いキャストが可能で、トリッキーなアクションをフロッグに加えられる取り回しに優れるモデルが理想。ライトカバーやクリークに使用するライトなものが望ましい。そしてライヒーは小型であることに加えて口も小さいので、使うフロッグも小さめがよい。口腔内が狭くて飲まれるとフックオフに手間取るので、フックのポイントをネムり気味にして口先に掛かるセッティングを推奨。ウエイトは10〜15gがよく、浮力を生かしたキビキビとしたアクションで誘いを入れる。

釣趣的にはヒシやハスが立ち上がる前のライトカバーで、水面近くを泳ぎ回るライヒーを探しながら釣るサイトゲームがおもしろい。クルージングしているライヒーを見つけたら、進行方向に素早くキャストして早いテンポでアクションさせる。カムルチーに比べて泳ぐ速度が速いので、ライヒーとフロッグの距離感が難しい。あまり近くにキャストして警戒させないように注意したい。

カムルチーのように誘い出したところでポーズを入れても食ってこないことが多く、フロッグの見切りも早い。ハイスピードのドッグウォークを展開すると引き波を立ててチェイスしてくるので、その勢いを止めないようにアクションさせながらタイミングを計って食わせる。俊敏なライヒーにフロッグのアクションをシンクロさせることが秘訣。リズムが狂うとライヒーがアタックしてきても食い損ねに終わりがちだ。

普段カムルチーを釣っていると速いアクションのイメージが難しい。食わせの勘どころが違うので、実際にフィールドで体感して覚えていく。なお、ライヒーもカムルチーと同じくプレッシャーに弱い魚なので、必要以上に叩くと簡単にフィールドが壊れてしまう。少しでも長く楽しむためにも節度を持つことが大切だ。

釣趣的には最高ながらライヒーは60㎝で大型の部類に入る小型種。型を求めるアングラーからねらわれないがゆえに、ひっそり生きながらえてきた面もある。大切にしていきたい

ライヒーの口は小さいので、合わせてフロッグも小さめを選択したい。キビキビ動くバランスに仕上げてあると、気持ちいいアタックがもらえる

サンデーアングラーの戦略

週末はフィールドに人が多いのでライギョも警戒を強めるが、多くのエキスパートは結果を出す。

エキスパートは良型をキャッチしたときタイミングという言葉を口にすることが多い。それは偶然タイミングがよかったという意味ではない。過去の釣行データにもとづいて条件が揃うタイミングにエントリーしているのだ

平日に会社や学校がある一般アングラーは、釣行が週末に限定される。シーズン中に10回も釣行できれば御の字か。しかも、フィールドに繰り出せば、どちらを向いてもライバルの姿。なかなかエキスパートのような釣果を上げることができない。自分も平日のシークレットポイントに出掛けられれば……。実際のところ、そんなうまい話はない。エキスパートは好きなときに出掛けられ、しかも特別なフィールドを知っているから釣れると思われがちだが、大半は週末にしか釣行できないサンデーアングラーなのだ。

釣行データを残すことが釣果率アップにつながる

大勢の釣り人がフィールドに繰り出す週末でも、エキスパートは内容の濃い釣りを楽しんでいる。少ない釣行回数ながら毎年20尾ほどの80㎝オーバーをキャッチしているアングラーもいる。しっかり釣りの組み立てができていれば、プレッシャーが高まる週末でもライギョを拝むことができる。

釣行データを見ると、絶えずアングラーが入るメジャーフィールドに足を運ぶエキスパートが多い。フィールドの規模が大きければ、大型ライギョのストック量も比例して多くなるからだ。小中規模河川を例に挙げてみよう。フィールドに到着したら、最初に水位と流れを確認する。ライギョが多い中小規模河川は、大規模河川につながる水門の開閉によって水位が変動する。

水深はゲームを左右する大きな要素だ。深くなれば底に張り付くライギョがフロッグに反応しなくなる。

開閉のタイミングは機械が制御していたり手動など千差万別だが、どのタイミングで開くか分かれば大きなアドバンテージになる。水位が下がるタイミングに合わせてフィールドを移動していけば、必然的にライギョとフロッグの距離が縮まって反応もよくなる。

サンデーアングラーだからこそ効率的に釣りを組み立てていきたい。こうした水門の開閉などのパターンは、自分が何度もフィールドに足を運んで、その都度釣行のデータを取っておくことで読めるようになってくる。潮の干満など気付きにくい要素も絡んでいるので、できる限り詳しく時間ごとの移り変わりをメモしておきたい。単純に釣行回数を重ねるだけでなく、地道にデータを蓄えていくことで、週末でも着実に釣果率はアップしていく。

先行者との駆け引きが週末の釣行には不可欠

釣りの組み立ては、先行者の有無に応じて変えていく。プレッシャーに弱いライギョを釣るのだから、他の釣り人の動向を伺うことは極めて重要だ。先行者がいなければカバー絡みのインレットなど、見た目に雰囲気のあるポイントをチェックしていく。先行者がいる場合は、そういった誰もが攻める一級ポイントをスルー。ヒネた視線でサオ抜けしてそうなポイントを探っていく。

たとえば何の変哲もない矢板護岸の際。カバーに覆われた土手ならまだしも、何のストラクチャーも絡んでいない矢板護岸に魅力を感じるアングラーは少ない。前方にカバーが広がっていれば、誰もがそちらに集中する。つまり、足元がサオ抜けしているのだ。カバーから近い護岸のシェードには型のよいライギョが張り付いているケースが珍しくない。しかもプレッシャーが掛かっていないので、鼻先にフロッグを置けば間違いなく食ってくる。

何度も触れているようにライギョはフィッシングプレッシャーに弱い魚なので、先行者の有無が釣りに大きく影響する。これは1時間や2時間というレベルではなく、時に数日におよぶ。たとえば大型連休に大勢のアングラーが入れ替わり立ち替わり叩きまくった

背ビレが出るほどクリークの水位が下がってきた。目の前にフロッグを通せば食ってくる局面だ

日差しが厳しい夏の昼過ぎは人影も疎らになる。ライギョもシェードに入るので、ポイントを絞り込みやすい。人が消えるタイミングで頑張ると釣果に恵まれる

フィールドなど、2週間が経過しても沈黙しているケースがある。そんな繊細なライギョを手にするのに正攻法だけでは少々厳しい。もちろん釣れないわけではないが、限られた時間を大量に消費するばかりかノーフィッシュで終わるリスクが高い。他の釣り人が見落とす場所に目を向けて、絶妙のタイミングでエントリーしてこそ週末でもコンディションのよいライギョが高確率で釣れるのだ。

　また、クリークに入る場合も、まずは水位と流れを見る。そしてクモの巣をチェックする。先行者がフロッグを引いていなければ、あちらこちらで両護岸を渡すようにクモの巣が張っているのだ。先行者が叩いてなければ、ここぞというエリアを100mほど流す。タイミング的にバッチリでも、反応が薄ければ早々に見切って移動する。効率的に釣りを展開していくことが釣果につながり、さらにフィールドに与えるプレッシャーも最低限に抑えられる。

　なお、クリークは、水温や水質、水位はもちろん、排水によって流れが生じるとライギョは大きく移動する。普段は通り過ぎるような望みが薄いフィールドでも、タイミングを合わせれば一級フィールドになりえる。これがクリークの奥深さである。このタイミングを読むためにも、日ごろの釣行データの集積が役に立つのだ。

　サンデーアングラーでも、フィールドを熟知することで充分楽しむことができる。誰でも知っているようなメジャーフィールドは釣れるのである。

大型連休に遠征して ライギョ釣りを満喫

　苦労が絶えないサンデーアングラーでも、遠征できるチャンスがシーズン中に3回訪れる。春と夏、そして秋の大型連休だ。この与えられた機会は有意義に使いたい。ライギョは全国各地に分布しているので釣ることだけを考えるなら、それほど遠出する必要はないのだが、ホームグラウンドでは目にできない大物をねらってみたい、絶好のロケーションの中に身体を置いて楽しみたいとなれば話は別だ。

　大型連休を利用して憧憬のフィールドを目指すアングラーは多い。郷愁を誘う里山でフロッグをキャストできたら、日頃の社会生活で溜まりに溜まったストレスも霧散する。身近な存在の

ライギョだが、遠征には夢がある。ホームグラウンドが河川やクリークならば湖沼、逆なら河川といった具合に、普段のロケーションと異なるフィールドに出掛けると、より遠征の興奮度は高まる。現地の名物を楽しみながら日頃体験できないフィールドでライギョを釣る。まさに至福の体験だ。

なお、初めての遠征であれば、地元で行なったように地図を買ってフィールド開拓から始めなければならないので、せめて2泊3日のプランで釣行したい。前半をフィールドチェックに徹したら、帰るまでにはライギョの顔を拝めるはず。思い出に残るライギョに出会うためにも、欲張って初日から釣ろうとは考えないほうがよい。ちょっとのつもりでサオを振って無駄に時間を費やしてしまうと、最終日に後悔することになる。初日はフィールドチェックに専念すべきだ。水郷地帯なら半日あれば20ヵ所は確認できるはず。水位や水質、カバーの濃淡をチェックして雰囲気のよさげな場所をピックアップ。勝負は2日目という組み立てが手堅い。

とにかく初日は気になる場所を見て回るわけだが、範囲を決めずにチェックしようとすると、絞り込みが甘くなってフィールドを見落としてしまう。今回は○○市、次回は○○町といった具合に、具体的に範囲を決めておくと焦って冷静さを欠くこともなくフィールドを探しやすい。また、どうにも現地でライギョが見つけられなかったら、水系を変えるか、平野ごと見切るなど、大きく方針を転換すべきだろう。

初めての遠征先で運よく魚に恵まれたら、一生の思い出として心に刻まれる。ぜひ貴重な連休を活かして、メモリアルフィッシュをキャッチしたい。サンデーアングラーでも頑張れる。

普段味わえない釣趣を堪能できる遠征。白紙の状態での釣行だけに簡単にライギョは手にできないかも知れないが、まずはフィールドに足を運ばないことには始まらない。遠征で分かることも多いはずだ

キャンプという選択肢

スケジュールが流動的に変化する遠征釣行。現地のキャンプ場と温泉を利用して心身ともにリフレッシュ！

遠征先で予算を抑えつつ贅沢な時間を過ごせるキャンプ。気の合う仲間とテーブルを囲んで賑やかに楽しんだり、一人で穏やかに火をおこしたり。楽しみ方はいろいろ

シーズンを迎えると泊まりがけの遠征釣行を楽しむファンは多い。道路交通網が発達した現在は、夜中に車を走らせれば朝にはロケーション抜群のフィールドでサオを振ることができる。ただし遠征は燃料費や高速代がかさむので車中泊を余儀なくされ、食事もご当地グルメを味わうことなくコンビニやファーストフードで済ませがちだ。しかし、貴重な時間を少しでも贅沢に過ごしたい。そこでおすすめしたいのがキャンプ場の活用だ。

ライギョを求めて遠征する先は自然が残っている里山が多く、周辺にはキャンプ場が点在している。アウトドアブームに乗って設備も整っているので活用しない手はない。近くに温泉でもあれば完璧だ。かけ流しの温泉に浸かれば疲れ切った身体も癒される。フィールドに近い公園の駐車場を利用するのも悪くないが、現地に少しでもお金を落としていれば招かれざる客になることもない。ライギョ釣りにキャンプを取り入れて遠征を満喫しよう。

ゆっくり流れる時間を味わう

そもそも釣りは流動的だ。雨天はサオを出さないライギョゲームだから、事前に雨が降ると分かれば釣行を延期せざるを得ない。どうしてもホテルや旅館は取りづらい。そんなアングラーの都合に柔軟に対応できるキャンプ場は実にありがたい。その多くはハイシーズンを除いて事前に予約を必要としない。釣りを満喫した午後に電話の

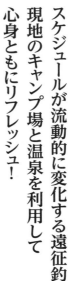

キャンプ場ではオフラインにして、ゆっくり流れる時間を味わいたい。一日を振り返れば、また酒が進む

一本も入れておけば充分なのだ。

　キャンプ場はホテルに比べて大幅に安い料金で利用できるので、経費を抑えたいアングラーにはもってこい。道具を最小限に抑えれば設営や撤収に時間も掛からない。そして、とにかくキャンプは楽しい。釣りにエネルギーを全振りするのも悪くないが、せっかくの遠征なのだからアフターフィッシングも満喫したい。遠征先でキャンプを楽しみつつメモリアルフィッシュを手にするなんて実に魅力的だ。快適なのはオートキャンプだが料金が跳ね上がるので、あくまでフリーサイトにテントを設営するスタイルがおすすめ。その分浮かしたお金を肉や酒に回そう。

　用意すべき道具はテントとグランドシート、そして寝袋。食事を楽しむためにテーブルとチェア、バーナーに調理器具、そして適当な調味料も忘れないように。料理はそれほど上手にできなくても、キャンプというだけで抜群に美味しく感じるので心配ない。

　テントはフライシートとインナーに分かれた二層式の登山用ダブルウォールテントがおすすめ。結露に強く、フライシートとインナーテントの間に前室が設けられるので、テント内に入れたくないブーツなどを置いておける。ソロならテントは2人用を推奨。2人用なら室内でちょっとした作業が可能。小型なので設営も簡単だ。2人以上の釣行であれば人数＋1人の大きさが欲しい。ちなみにインナーテントの中にレジャーシートを敷くとより快適である。

　そしてキャンプの雰囲気を醸し出すために忘れてならないのがランタン。今どきのLEDランタンの中には、まるで本物のようにゆらめき、落ち着いた光量でテントを照らしてくれる優れモノもある。穏やかな灯りに心身ともにリラックスできるはず。調理する間は、視線の先を照らしてくれるヘッドライトが重宝する。

　キャンプ場での自炊と酒盛り、結局はこれが楽しい。気の合う仲間で焚き火を囲みながらの食事はいうまでもなく、ソロキャンプの時間の流れは決して車中泊では味わえない。適当に作った手料理を自画自賛しながら酒を飲み、したたかに酔いながら寝袋に潜り込めば、夢でモンスターに出会えるかもしれない。キャンプ泊という選択肢を、遠征プランニングに加えてみよう。

ライギョ用語辞典

釣りの中でもライギョはフィールドが特殊なだけに何かと専門用語が多い。
ライギョ釣りを始めたばかりのアングラーや
これから入門しようと考えている人にしてみれば、
登場するたびに頭に？マークが浮かぶことだろう。
少しでも助けになれば幸いである。

あ行

【アイ】 フロッグの先端に装着するパーツ。両端に環があり、それぞれラインとフックに接続する。ラインを結ぶ環をラインアイ、フックにつながる環をフックアイという。

【アウトレット】 流れ出し。流れ込みはインレット。

【アキュラシー】 キャストの正確性や精度のこと。サイトゲームでは、キャストの精度が釣果を大きく左右する。キャストコントロールのひとつ。

【アクション】 ライギョを誘うために意図的に加えられるフロッグの動き。ロッドの調子。先調子をファーストテーパーアクション、胴調子をスローテーパーアクションという。

【アオコ】 微細な藻が大発生した状態、およびその藻類。水質の富栄養化が進むと発生する。水面に緑色の粉を撒いたように見えることから名づけられた。一般的には湖沼で発生することが多いが、流れのない河川やクリークでも見られる。

【アサザ】 ミツガシワ科の多年生植物。地下茎が横に這い、長い茎が水面に伸びる。葉は一ヵ所に切れ込みがある、円形もしくは卵形。6月から9月に黄色の花をつける。

【アシ】 イネ科の多年生植物。河川や湖沼の水際で見られる。ヨシと同じ。

【アタック】 ライギョがフロッグを襲うこと。アタリ、バイトともいう。

【アトラクター】 アピールを高める目的でフロッグに装着する小物。ブレード、ワームテール、ファーなどがある。

【アピール】 ルアーがライギョに与える刺激。カラーが派手なもの、動きが激しいもの、大きな音を出すものは、俗にアピール力が高いといわれる。

【アワセ】 ロッドをあおったり、リールのハンドルを巻くことでライギョの口にフックを掛けること。フッキングともいう。

【アベレージ】　そのフィールドで釣れるライギョの平均サイズ。

【アングラー】　釣り人のこと。

【アンダーハンドキャスト（下手投げ）】　ロッドティップを水平よりも地面に近い角度に倒して行なうキャストのこと。低い弾道でフロッグをキャストできるため、オーバーハングの下などをねらう際に用いる。

【イレギュラーアクション】　不規則なロッグの動き。この瞬間にライギョがアタックしてくることも多い。

【インチ】　長さを表わす単位。1inは2・54㎝。

【インレット】　流れ込み。溶存酸素量が多く、夏場は好ポイントになる。

【ウィード】　水中に生える植物で、基本的に水面に葉や茎を出さないものを指す。オオカナダモ、コカナダモ、マツモなど。

【ウィードベッド】　著しくウィードが成長し、水面を覆い尽くした状態。

【ウィードレス】　水生植物がフックに絡みづらいこと。フロッグはフックをボディーに沿わせることで水草などが引っ掛かりにくい構造になっている。これをセルフウィードレスという。

【ウエイト】　オモリのこと。

【ウキクサ】　葉の直径が3～10㎜の小さな浮遊性の水草。根付いていないため、風や流れで移動する。流れのない湖沼に多いが、クリークや河川でも見られる。

【ウキシバ】　主に湖沼や流れの弱い河川の水辺でみられるイネ科の植物。水辺にブッシュを形成する。

【オーバーハング】　岸から水面上に物が被さっている状態のこと。ライギョゲームでは、木や草が覆い被さっている状態を指すことが多い。

【オーバーヘッドキャスト（上手投げ）】　ロッドを垂直に近い角度に立てて行なうキャストのこと。飛距離を出しやすい。キャストの基本といわれる。

【オープンウォーター】　水面に水草やストラクチャーがない状態。

【オールドアンバサダー】　一般的に1984年までに作られたアンバサダーのことを指すことが多い。希少価値のあるモデルが存在し、コレクターも多い。アンバサダーはスウェーデンにあるアブ社の製品。

か行

【ガイド】　ロッドに装着されたラインを通す環。ロッドの全長に合わせて7～10個付けられる。

【ガガブタ】　ミツガシワ科の多年生水生植物。ハート型の葉を持ち、7～9月にヒトデ状の白い花を咲かせる。

【カバー】　水面を覆う水生植物。

【ガマ】　ガマ科ガマ属の多年草。葉の高さは1～2m。夏に茶褐色の円柱形の穂をつける。

【カムルチー】　スズキ目タイワンドジョ

ウ科の魚。日本全国に広く分布。タイワンドジョウは生息域が限られるため、一般にライギョといえばこの種を指す。タイワンドジョウよりも体側の斑紋が大きい。全長は最大で1mほどになる。本書の主役。

【鉗子】カンシ。もともとは医療用の手術器具。ライギョゲームでは、柄の長さを利用して喉の奥にフッキングしてしまったフロッグを外す際に使われる。フォーセップとも呼ぶ。

【キックバック】フロッグを手前に引いたとき、水の抵抗を受けて戻るように動くこと。ポッパー使用時にこのアクションを意識するアングラーが多い。

【キャスト】ルアーを投げること。投げ方には、オーバーヘッドキャスト（上手投げ）、サイドハンドキャスト（横手投げ）、アンダーハンドキャスト（下手投げ）、バックハンドキャスト（逆投げ）などがある。

【キャッチ】魚を釣ること。また魚をつかむこと。

【空気穴】ライギョがアタックした際、スムーズに空気が抜けてボディーが潰れるようにフロッグに開けられた穴。

【クラッチ】ベイトリールのスプール回転を制御するパーツの1つ。切ることでスプールの回転をフリーにする。入れるとハンドルでの巻き取りが可能になる。

【クリーク】主に水田に水を引くための水路。濃尾平野や佐賀平野のクリーク群が有名。

【激浅クリーク】水深20cm程度の浅いクリーク。ライギョに警戒心を与えないように細心の注意が必要だが、うまく攻めれば高確率でバイトを得られる。

【コウタイ】スズキ目タイワンドジョウ科の魚。かつて沖縄県石垣島での捕獲報告があったが、現在も生息しているかは不明。

【コウホネ】スイレン科の多年生植物。湖沼の浅場にみられる。根茎は白く、葉は水中葉と水上葉がある。6～8月に長い花茎の先端に黄色い花を咲かせる。

【護岸】岸辺を石やコンクリートで保護すること。最近はコンクリートが使われている場所が多い。

【呼吸】ライギョは定期的に水面に浮き上がって口から直接空気を取り込み、吸い込んだ空気を上鰓器官という粘膜に通して酸素を吸収する。肺があるわけではない。

【呼吸撃ち】空気呼吸のために水面に上がってきたライギョをねらうテクニック。オープンウォーターで行なわれることが多いが、カバーフィールドでも応用可能。その場合は、呼吸の際にわずかに持ち上げられる水草の動きでライギョの居場所を察知する。

さ行

【サイト】ライギョを目視してねらうテクニック。カバーやゴミの下にサスペンドするライギョ、水面直下をクルージングするライギョ、シャローで定位しているライギョなどがターゲットになる。
【サイドハンドキャスト（横手投げ）】ロッドを地面と水平に近い角度に倒して行なうキャストのこと。頭上に木などの障害物がある場所で役立つほか、橋の下などをねらう際にも有効。
【サスペンド】中層に浮いて留まること。
【シーリング剤】フロッグをチューニングする際に使用する軟質プラスチック用の接着剤。フックホールを埋めたり、破れた箇所を補修するときに使用する。
【シェード】木や橋、護岸などによって形成される陰のこと。
【シャロー】浅場のこと。厳密な規定はないが、ライギョゲームでは水深1m以下の場所を指すことが多い。
【ショア】岸辺。
【ジュンサイ】ハゴロモモ科の多年生植物。葉は楕円形で、長さ5～12㎝。6～8月に紫褐色の花をつける。
【スクール】魚の群れ。ベイトスクールといえば小魚の群れを指す。
【スケーティング】フロッグの動かし方のひとつ。水面を滑るように大きく左右にスライドするアクション。スライディング、スキーイングともいう。浮き角度を水面に対して水平近づけたフロッグで演出できる。
【ステイ】ライギョが一ヵ所で止まっていること。また、フロッグの動きを止めている状態のこと。
【ステディリトリーブ】ロッドアクションを加えず、一定のスピードで巻くこと。ただ巻き。
【ストラクチャー】障害物のこと。
【スプール】リールにセットされている、ラインを巻くためのパーツ。
【スポーニング】産卵。一般的なライギョの産卵期は5～8月とされる。水草を集めた直径1mほどの浮巣を作って産卵する。産卵床や稚魚を守っているライギョはねらわないのがアングラーのマナー。
【スレッド】巻き糸のこと。フロッグをチューニングする際、アイの強化や浸水を防ぐためにフロッグの口元を縛るのに使われることが多い。
【スローテーパー】ロッドの調子。負荷をかけると、ロッドの中央に近い位置から曲がる。胴調子ともいう。

た行

【ダイブ】フロッグにバランスを崩させ、頭を下に向けて一瞬水面下に潜らせるアクション。垂直浮きのフロッグで演出できる。
【タイワンドジョウ】スズキ目タイワンドジョウ科の魚。通称ライヒー。西日本の一部に生息している。カムルチーよりも小さく、最大で60㎝ほど。
【タックル】ロッド、リール、ラインなど釣り道具のこと。
【ダブルライン】三つ編みやビミニツイストなどで先端を2本にしたライン。ライン強度を最大限に発揮させるため、ライギョゲームではダブルラインにする。

【ダブルラッピング】 ロッドにガイドを装着する際、ブランクスにスレッドを下巻きし、その上にガイドを置いてさらにスレッドを巻いて固定する方法（シングルラッピングは下巻きを行なわない）。下巻きを施したダブルラッピングは、ガイドの足でブランクスを傷つけにくいので強いテンションが掛かる釣りでは重宝される。

【ダンゴ】 一切のアトラクターを搭載していないフロッグ。丸い形状からダンゴ（団子）と呼ばれるようになった。

【チューニング】 フロッグを自分好みに改造すること、もしくは使える状態に仕上げること。パッケージから出してそのまま使えるフロッグは数少なく、基本的には何らかの手を加えなければならない。

【ディープ】 深場のこと。

【ディスプレイ】 ライギョの求愛行動。産卵期を迎えると、雌雄がペアとなり水面直下で体をウネらせながら求愛する。

【ティップ】 ブランクスの先端部のこと。

【テーパー】 ロッドの調子のこと。

【冬眠】 水温が15℃以下になると、ライギョは極端に動きが鈍くなる。そして水温10～13℃以下になると、一切の活動をやめて仮死状態となる。これがいわゆる冬眠と呼ばれる状態で、泥の中に体を埋めたまま春の訪れを待つ。

【鉄製メジャー】 ライギョの大きさを正確に計りたい場合に用いる。ビニール製のメジャーはたわむので誤差が生じやすく、大型のライギョの計測には向かない。

【ドッグウォーキング】 ラインを張ったり緩めたりして、フロッグの首を左右に振らせるアクション。トップウォーターゲームでは基本となる。浮き角度を45度前後に調整したフロッグで簡単に演出できる。

【ドラグ】 ある一定の力が掛かるとラインが出るようにするリールの機構。ただし、ライギョゲームでは基本的にラインを出さないので、めいっぱいドラグを締め込んでおく。これをフルドラグ、フルロックという。

な行

【ネスト】 産卵床。見かけたら近寄らないこと。

【ノット】 ライン同士、またはラインとアイの結び方のこと。結び目を指すこともある。

【ノブ】 リールのハンドルに付いている、指でつまむ部分のこと。

は行

【バイト】 ライギョがフロッグを食うこと。アタックと同意。

【バーブレスフック】 カエシのないフック。魚に与えるダメージを最小限にし、なおかつリリースをスムーズにするため、ライギョゲームではこのタイプのフックが使用される。

【ハス】 ハス科の多年生水生植物。1mを超える長さの太い茎を持ち、水面上に大きな葉を茂らせる。

【バックハンドキャスト（逆手投げ）】 ロッドを持つ手を体の前に倒し、反対側から行なうキャストのこと。ロッドを持つ手の横に障害物がある場合に便利。

【バックラッシュ】 ベイトリールでキャストしたとき、ラインが絡まってしまうトラブル。ラインの放出スピードよりスプール回転が上回ってしまうと発生する。

【バット】 ブランクスの根元に近い部分（グリップの上）のこと。

【バットパワー】 ブランクスのバットの強さを表わす際に使われる言葉。

【ハワイフック】 フロッグのラインアイにつなぐパーツ。100Lbを超える強度がある。スナップは弱いため、ライギョゲームでは使えない。

【PEライン】 超高分子ポリエチレンを編んだイト。ナイロンラインよりも引っ張り強度が著しく高いため、強いテンションが掛かるライギョゲームではこのラインを使用する。非常にしなやかで8号や12号という太号柄になってもリールに巻いたときのゴワつき感がない。

【ヒシ】 ヒシ科の一年生植物。葉は菱形で水面に放射状に広がる。ライギョフィールドの中では最もポピュラーな水生植物。

【ビッグヘッド】 大型ライギョのこと。モンスターということも。明確な基準はないが、90cmを超える個体を指すことが多い。

【ピッチング】 下から上にロッドを振り上げるキャスト方法。ピンスポットを正確に撃つことができる。また、弾道を低くできるので着水音を抑えられるというメリットも。ただし、キャストの性質上ロングアプローチは難しい。

【ヒット】 魚がハリに掛かること。

【ビミニツイスト】 ダブルラインを作るノットのひとつ。理論上100%の強度を保つ摩擦系のノットの中では簡単な部類に入り、慣れれば釣り場でも短時間でダブルラインを作成できる。

【ファー】 獣毛。主にウサギの毛。フライフィッシングで用いられるマテリアルのひとつ。フロッグのアトラクターとして有効。ゾンカー、ラビットファーともいう。

【ファーストテーパー】 ロッドの調子。負荷を掛けると、ロッドの先端に近い位置から曲がる。先調子ともいう。

【ファイト】 ハリに掛けたライギョと格闘すること。やり取り。

【フィート】 長さを表わす単位。1ftは約30・48cm。

【フック】 ハリ。一般的にフロッグに装着される二股のハリはダブルフックという。

【フックオフツール】 ライギョの口からハリを外すための道具。マウスオープナー、ロングノーズプライヤー、カンシ、ロングフォーセップなどが含まれる。
【フックシャープナー】 ハリ先を研ぐための砥石のこと。
【フックホール】 フックを出すためにフロッグに開けられた穴。最終的にはシーリング剤で埋める。
【ブッシュ】 植物の茂み。ウキシバなどイネ科の植物が群生している場所を指すことが多い。
【プライヤー】 ペンチに似た工具。ライギョゲームではライギョの口からフロッグを外す際にロングノーズタイプを使用する。
【ブランクス】 ガイドやスレッド、グリップを除くサオの本体。カーボンやボロンで組成される。
【フリッピング】 近距離を正確かつテンポよく撃つためのキャスト方法。あらかじめ目標までのラインを引き出しておき、下方からロッドを振り上げるようにしてキャストする。

【ブレード】 フロッグに欠かせない真鍮やマグネシウム、樹脂で作られたスプーン形状のアトラクター。フラッシングと波動でライギョにアピールする。丸型のコロラドと葉型のウィローリーフが使われる。
【ブレードチューン】 フロッグにブレードを装着することでアピールを高める改造法。ブレードのキラメキや音、水しぶきでライギョを誘う。
【プレッシャー】 魚の警戒心やストレス。急激な水温低下など自然変化によるプレッシャーもあれば、釣り人が原因のプレッシャーもある。特に釣り人が起因となったプレッシャーをフィッシングプレッシャーという。
【フロッグ】 元々はカエルを模して作られたルアー。近年はカエルだけではなく、さまざまな形状のものがみられる。ほとんどのものが中空のボディーを持つ。
【ペアリング】 一対の雄雌が、産卵活動のために一緒に行動すること。
【ベジテーション】 アシ、ヒシ、ウキシバなど水生植物全般。
【ベリー】 ブランクスの真ん中周辺のこと。ティップとバットの間。
【ポケット】 水面を覆うカバーの隙間や穴。一般的にカバーの上よりもフッキング率が高いため、ポケットで食わせるように仕向けるアングラーが多い。
【捕食】 ライギョがエサとなるカエルや小魚などを捕らえて食うこと。
【捕食音】 ライギョが水面のベイトを捕食する際に生じる炸裂音。この音を頼りにキャストすることも多い。
【ポッパー】 フロント部が凹んだカップ形状をしているフロッグ。ロッドアクションを加えた際、カップが水を受けて音や泡を出す。
【ポッピング】 ポッパータイプのフロッグを使用し、ロッドをあおったりして音や泡を立てるアクションのこと。
【ホテイアオイ】 ミズアオイ科に属する

水生植物。湖沼や流れの弱い河川のワンドなどでみられる。浅場では根付くこともあるが、基本的には浮遊する。

【ボビンホルダー】 イト巻き（ボビン）をセットして、フロッグチューニングで使用。

【ポンド】 重さを表す単位。ラインの強度を表わす際にも使用される。1Lbは約0・45kg。

ま行

【マウスオープナー】 フロッグを外すときにライギョの口を開ける道具。

【マヅメ】 日の出直後、日没直前の時間帯。魚の活性が高く、一日のうちで最も釣りやすいとされる。日の出直後を朝マヅメ、日没直前を夕マヅメという。

【マンメイドストラクチャー】 水門や取水口、杭など、人為的に造られた障害物のこと。

【三つ編み】 ダブルラインを作るためのノット法。ビミニツイストに比べると、やや慣れが必要。

や行

【溶存酸素量】 水に含まれる酸素の量。護岸などの風や流れが当たる部分は酸素量が多く、魚やエビなどが集まりやすい。

ら行

【ライン】 釣りイトのこと。

【ラインブレイク】 ライギョとのファイト中にラインが切れてしまうこと。絶対に避けなければならない。

【ランディング】 ライギョを取り込むこと。手で取り込むハンドランディング、サオで持ち上げる抜き上げなどがある。

【ランディング袋】 ライギョを入れる専用の大型ビニール袋。ランディングした場所の周囲にライギョを置けない場合に使用すると、移動中に落下させる心配がない。おおの袋とも呼ぶ。

【リアクションバイト】 反射的にフロッグを食わせること。

【リップラップ】 石積みのこと。

【リトリーブ】 リールのハンドルを巻いてフロッグを引いてくること。

【リリース】 釣り上げた魚を逃がしてやること。最も重要なテクニック。

【リリーパッド】 ヒシやガガブタなどの浮葉植物によるカバー。ライギョ釣り場の代名詞的なフィールドシチュエーション。

【レベルワインダー】 ベイトリールのフロント部にセットされている、ラインをスプールに均等に巻くためのパーツ。

【ロウ付け】 銀ロウを使った溶接。ハンダ付けに比べ、はるかに強度が高い。フロッグのアイを強化する際に行なう。

【ロッド】 釣りザオのこと。フィールドのロケーションを考え、掛けた魚を確実に取り込めるロッドを使用する。

基礎からわかる
ライギョ釣りスタートBOOK
～身近に潜む淡水の大型魚をねらう～

2020年7月1日発行

編　者　つり人社書籍編集
発行者　山根和明
発行所　株式会社つり人社

〒101-8408 東京都千代田区神田神保町 1-30-13
TEL　03-3294-0781（営業部）
TEL　03-3294-0766（編集部）
印刷・製本　図書印刷株式会社

乱丁、落丁などありましたらお取り替えいたします。

つり人社ホームページ　https://tsuribito.co.jp/
つり人社オンライン　https://web.tsuribito.co.jp/
釣り人道具店　http://tsuribito-dougu.com/
つり人チャンネル (YouTube)
https://www.youtube.com/channel/UCOsyeHNb_Y2VOHqEiV-6dGQ
